**2025年度版**

# 新潟県・新潟市の
# 面接

## 過 去 問

協同教育研究会 編

協同出版

# はじめに～「過去問」シリーズ利用に際して～

　教育を取り巻く環境は変化しつつあり，日本の公教育そのものも，教員免許更新制の廃止やGIGAスクール構想の実現などの改革が進められています。また，現行の学習指導要領では「主体的・対話的で深い学び」を実現するため，指導方法や指導体制の工夫改善により，「個に応じた指導」の充実を図るとともに，コンピュータや情報通信ネットワーク等の情報手段を活用するために必要な環境を整えることが示されています。

　一方で，いじめや体罰，不登校，暴力行為など，教育現場の問題もあいかわらず取り沙汰されており，教員に求められるスキルは，今後さらに高いものになっていくことが予想されます。

　本書の基本構成としては，面接試験の概要，過去数年間の面接試験の出題内容を掲載しています。各自治体や教科によって掲載年数をはじめ，面接試験対策や提出書類の書き方を掲載するなど，内容が異なります。

　また原則的には一般受験を対象としております。特別選考等については対応していない場合があります。なお，実際に出題された順番や構成を，編集の都合上，変更している場合があります。あらかじめご了承ください。

　みなさまが，この書籍を徹底的に活用し，教員採用試験の合格を勝ち取って，教壇に立っていただければ，それはわたくしたちにとって最上の喜びです。

協同教育研究会

# C O N T E N T S

# 第1部

# 面接試験の概要

# 面接試験の概要

## ■ 面接試験の意義

　論作文における筆記試験では，教員として必要とされる一般教養，教職教養，専門教養などの知識やその理解の程度を評価している。また，論作文では，教師としての資質や表現力，実践力，意欲や教育観などをその内容から判断し評価している。それに対し，面接試験は，教師としての適性や使命感，実践的指導能力や職務遂行能力などを総合し，個人の人格とともに人物評価を行おうとするものである。

　教員という職業は，児童・生徒の前に立ち，模範となったり，指導したりする立場にある。そのため，教師自身の人間性は，児童・生徒の人間形成に大きな影響を与えるものである。そのため，特に教員採用においては，面接における人物評価は重視されるべき内容であり，最近ではより面接が重視されるようになってきている。

## ■ 面接試験とは

　面接試験は，すべての自治体の教員採用選考試験において実施されている。最近では，教育の在り方や教師の役割が厳しく見直され，教員採用の選考においても教育者としての資質や人柄，実践的指導力や社会的能力などを見るため，面接を重視するようになってきている。特に近年では，1次選考で面接試験を実施したり，1次，2次選考の両方で実施するところも多くなっている。

　面接の内容も，個人面接，集団面接，集団討議(グループ・ディスカッション)，模擬授業，場面指導といったように多様な方法で複数の面接試験を行い，受験者の能力，適性，人柄などを多面的に判断するようになってきている。

　最近では，全国的に集団討議(グループ・ディスカッション)や模擬授

4

業を実施するところが多くなり，人柄や態度だけでなく，教員としての社会的な能力の側面や実践的な指導能力についての評価を選考基準として重視するようになっている。内容も各自治体でそれぞれに工夫されていて，板書をさせたり，号令をかけさせたりと様々である。

　このように面接が重視されてきているにもかかわらず，筆記試験への対策には，十分な時間をかけていても，面接試験の準備となると数回の模擬面接を受ける程度の場合がまだ多いようである。

　面接で必要とされる知識は，十分な理解とともに，あらゆる現実場面において，その知識を活用できるようになっていることが要求される。知っているだけでなく，その知っていることを学校教育の現実場面において，どのようにして実践していけるのか，また，実際に言葉や行動で表現することができるのか，といったことが問われている。つまり，知識だけではなく，智恵と実践力が求められていると言える。

　なぜそのような傾向へと移ってきているのだろうか。それは，いまだ改善されない知識偏重の受験競争をはじめとして，不登校，校内暴力だけでなく，大麻，MDMA，覚醒剤等のドラッグや援助交際などの青少年非行の増加・悪質化に伴って，教育の重要性，教員の指導力・資質の向上が重大な関心となっているからである。

　今，教育現場には，頭でっかちのひ弱な教員は必要ない。このような複雑・多様化した困難な教育状況の中でも，情熱と信念を持ち，人間的な触れ合いと実践的な指導力によって，改善へと積極的に努力する教員が特に必要とされているのである。

## ■ 面接試験のねらい

　面接試験のねらいは，筆記試験ではわかりにくい人格的な側面を評価することにある。面接試験を実施する上で，特に重視される視点としては次のような項目が挙げられる。

① 　人物の総合的評価　面接官が実際に受験者と対面することで，容姿，態度，言葉遣いなどをまとめて観察し，人物を総合的に評価することができる。これは面接官の直感や印象によるところが大きい

が，教師は児童・生徒や保護者と全人的に接することから，相手に好印象を与えることは好ましい人間関係を築くために必要な能力と言える。

② 性格・適性の判断　面接官は，受験者の表情や応答態度などの観察から性格や教師としての適性を判断しようとする。実際には，短時間での面接のため，社会的に，また，人生の上でも豊かな経験を持った学校長や教育委員会の担当者などが面接官となっている。

③ 志望動機・教職への意欲などの確認　志望動機や教職への意欲などについては，論作文でも判断することもできるが，面接では質問による応答経過の観察によって，より明確に動機や熱意を知ろうとしている。

④ コミュニケーション能力の観察　応答の中で，相手の意思の理解と自分の意思の伝達といったコミュニケーション能力の程度を観察する。中でも，質問への理解力，判断力，言語表現能力などは，教師として教育活動に不可欠な特性と言える。

⑤ 協調性・指導性などの社会的能力(ソーシャル・スキル)の観察　ソーシャル・スキルは，教師集団や地域社会との関わりや個別・集団の生徒指導において，教員として必要とされる特性の一つである。これらは，面接試験の中でも特に集団討議(グループ・ディスカッション)などによって観察・評価されている。

⑥ 知識・教養の程度や教職レディネスを知る　筆記試験において基本的な知識・教養については評価されているが，面接試験においては，さらに質問を加えることによって受験者の知識・教養の程度を正確に知ろうとしている。また，具体的な教育課題への対策などから，教職への準備の程度としての教職レディネス(準備性)を知る。

# 第 2 部

# 新潟県・新潟市の
# 面接実施問題

# 2024年度　面接実施問題

## 新潟県

◆実技試験(1次試験)

▼中高英語

【課題】

□英語によるオーラルプレゼンテーション(テーマに対して自分の考えを英語で話す)

〈テーマ〉

　　Mobile phones, or smartphones, have become a very important part of modern life. They have become so critical to our daily lives that they have caused some people to become fearful or upset when their phones are lost, broken or the batteries are dead. It is said that a large number of people in developed nations now suffer from this fear when they don't have their phones with them.(69 words)

▼中高家庭・高校家庭(社会人実務経験者特別選考) (60分)

【課題】

□配付した布を使って，次の図のような「持ち手のある袋」を，以下の□□□内の指示に沿って手縫いで製作しなさい。

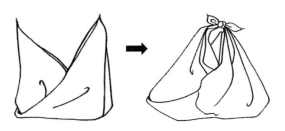

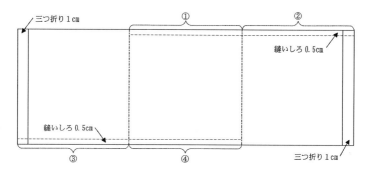

〈指示〉

○ 図のような左右両端の処理は，中折り0.5cm，できあがり幅1cmの三つ折りにし，一方は「まつり縫い」，他方は「なみ縫い」をする。

○ 布を三等分し，中表で①と②を，同じく③と④を縫いしろ0.5cmのところで，「なみ縫い」で縫いあわせる。

○ 「マチ」は15cmとし，なみ縫いで「マチ」をつくる。

○ ボタンは，飾りとなるように適切な位置に縫いつける。

※受検票送付時に通知した持参品及び配付物以外の用具は使わないこと。また，用具の貸し借りはしないこと。

※受検番号が書かれている面が布の表がある。

※布は，裁断済みである。

※□□□内の指示は，製作手順を示すものではない。

〈配布物〉

布(1枚)，毛縫い糸(1つ)，ボタン(1つ)，竹尺(1本)


▼中学技術(80分)

【課題】

□指示された材料，道具類を用いて次図に示した「本立て」を製作しなさい。

9

　　　ただし，次の4点に留意すること。

〈留意点〉

○すべての板の厚さは12mmとする。

○けがき線は消さないこと。

○くぎは20本配布するので必要な分使用すること(くぎは余ってもかまわない。)

○面取りなど，仕上げの作業は行わないこと。

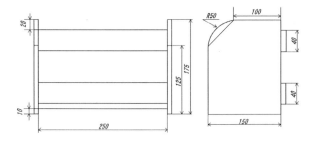

▼中高音楽

【課題】

□令和5年度用文部科学省検定済教科書中学校音楽科用に掲載されている「赤とんぼ」「花の街」「夏の思い出」「浜辺の歌」「荒城の月」「花」「早春賦」の中から当日指定する1曲を，ピアノ伴奏をしながら歌唱する(楽譜は当日指定したものを使用)。

▼中高保体

【課題1】

□バスケットボール

【課題2】
□マット運動
【課題3】
□ダンス


▼中高美術(120分)
【課題】
□次のモチーフを，以下の条件に従い，水彩で表現しなさい。
〈モチーフ〉
透明なプラスチックカップ(1個)，ストロー(1本)，色紙(1枚)
〈配付物〉
画用紙A3判(1枚)，画鋲(4個)，カルトン，下絵用紙A4(1枚)
〈条件〉
(1) 透明なプラスチックカップに水を半分ほど入れ，コップの中にストローを刺し，色紙1枚を透明なプラスチックカップの下に敷いて，自由に構成し，水彩で表現すること。
(2) 色紙は，折って使用してもよい。
(3) 画用紙の縦・横は自由とするが，モチーフが画用紙に収まるように描くこと。
(4) 背景の表現は，自由とする。
※受検票送付時に通知した検査持参品以外の用具は使わないこと。また，用具の貸し借りはしないこと。用具を忘れた場合は申し出ること。


◆個人面接(2次試験) 試験官2人 受験者1人 時間各25分
※個人面接は2回(Ⅰ・Ⅱ)行い，Ⅰでは学習指導や生徒指導等に関する事項，Ⅱでは教員としての資質・能力等に関する事項が主テーマとなる。

▼小学校
【質問内容】
Ⅰ
□あなたが授業で大切にしたいことは何か。
　→そのような授業にするため，あなたがしたいことは。
□国語，算数の授業において話し合いをすることがあると思うが，グループを作る時にあなたが配慮することは何か。
□一人1台タブレットを活用する授業は，どんなものを考えているか。こういう授業だと述べてもいいし，具体的に学年教科を設定しても構わない。
□クラスのAくんが，速く問題が終わって退屈そうな様子がしばしば見られる。あなたはどうするか。
□今何年生を担任しているか。
　→2年生で，子供の主体性を大切にした授業はあるか。
□どんな学級を作っていきたいか。
□学級に特別支援のAさんがおり，授業中床に寝そべっている。どうするか。
　→他の子への対応は。
□班での話し合いに一人だけ参加しない児童がいる。どうするか。
□いじめアンケートで，お父さんから暴力を受けているとあった。担任としてどうするか。
□最近ラインを小学生も使う。仲間外れになった児童が出た。担任としてどのように関わっていくか。
Ⅱ
□なぜ他県でも臨採をしているか。
□保育園勤務をやめたのは，何か不満だったのか。
□今の学校は，どんなところか。
　→なぜそう思うのか。
□前年度の学校は，どんなところか。
□今まで何年生の担任の経験はあるか。

□佐渡市で出願しているのは，なぜか。

□面接1はどうだったか，難しい質問はあったか(私が答えたら，「そうでしたか」と言われただけ)。

□ピアノは弾けるか。

□いじめを未然に防ぐには。

□教育環境が大切。どんな環境づくりをするか。

□どんな職場が働きやすいか。

　→そのために，あなたはどのようなことをしていきたいか。

□あなたの長所は何か。

□講師をしていて，いろんな子供と関わったと思うが，一番心に残ったことは。

□ではあなたは，子供の話をよく聞くことが得意なのですね。

□講師をしていて，一番うれしかったことは。

　→先の質問の子は，どうして良くなったと思うか。

□あなたは10年後20年後，どんな教員になっていると思うか。

□新潟県以外も，受験しているか。


▼小学校

【質問内容】

Ⅰ

□ICTをどのように活用しているか。

□休み時間，おにごっこをするため，じゃんけんをして，おにを決めた。けれど，おにになった子がおこり，友だちをたたいた。どのように対応するか。

□体罰を見た。あなたはどうするか。

Ⅱ

□教師に必要な資質3つは何か。

□挫折した経験はあるか。

□学級でいじめがあると，子どもから教えてもらった。だが調べると，被害者だと思っていた児童がきっかけづくりをしていた。どのよう

に対応するか。

・面接Ⅰの後に5分休憩があり，そのあとすぐに面接Ⅱが行われる。


▼中高社会

【質問内容】

□志望動機，教員としての強みは何か。

□ICTを活用した授業の具体例について。

□(社会)地理・歴史・公民から1つ選択し，どのような授業をしたいか。

□教員の働き方改革について。

□SNSによるいじめへの対応について。

・個人面接Ⅰは，学習指導や生徒指導等に関する事項が中心。

・個人面接Ⅱは，教員としての資質・能力等に関する事項が中心。


▼中高理科

【質問内容】

Ⅰ

□緊張しているか。

□小学校から今までで，印象に残っている理科の授業はあるか。それ
　はどんなものか。

□学級担任になったら，一番初めのホームルームでどんな話をするか。

□理科が苦手な生徒にはどのように指導するか。

□Aが，「BとCが自分の悪口を言っている」「自分が先生に相談したこ
　とを，BとCには知られたくない」と話してきた。どうするか。

　　→(B，Cに話をきくと回答)B，Cが，Aが教員に相談したことに気付
　　　く心配がある。どのように話をきくか。

　　→対応の結果，BとCが悪口を言っていたという事実はないことが
　　　分かった。どう対応するか。

　　→Bの親が「うちの子を悪者扱いした，どうしてくれる」と連絡し
　　　てきた。どう対応するか。

□どんな授業をしたいか。

→(子どもが主体的に探究する授業と回答)それは，課題も子どもに
　設定させるのか。

□具体的に，こういう単元で実施したいという希望はあるか。

□原子と分子が同じ名前のことがある。どう指導するか。

Ⅱ

□ICTの推進，働き方改革など，学校は変化し続けている。そんな中，
　教育で最も大事なことは何だと思うか。

□人と信頼関係を築くにはどうすればよいと思うか。

□やるべきことがいくつも重なったらどうするか。

□志願書にある「恩師」とはどんな先生だったのか。

□自分の強みは何だと思うか。

□志望動機について。

□新潟県のいじめの認知件数を知っているか。

□いじめを未然防止するにはどうすればいいか。

□いじめを受けていると生徒から言われたらどうするか。

　→生徒が「先生を信頼して打ち明けた。他の先生には言わないでほ
　　しい」と言ったらどうするか。

□生徒の主体性を引き出すために何をするか。

□大学で専門的に学んだ内容を学校でどう生かすか。

□ある保護者は「進路は子どもに任せている」と言って，電話でも対
　面でも全く話をきいてくれない。どうするか。

□どんな教師になりたいか。

　→(子どもの個性を伸ばせる教師と回答)そのために，今取り組んで
　　いることはあるか。

□同僚と意見が食い違ったらどうするか。

□保護者からの信頼を得るにはどうすればいいと思うか。

□大学での研究内容について。

□併願しているか。

## 新潟市

◆実技試験(1次試験)

▼中高英語
□英語によるオーラルプレゼンテーション
(テーマに対して自分の考えを英語で話す)

▼中高家庭(60分)
【課題】
新潟県と同様

▼中学技術
【課題】
新潟県と同様

▼中学音楽
【課題】
新潟県と同様

▼中高保体
【課題1】
□マット運動
【課題2】
□ハードル走
【課題3】
□バレーボール

▼中高美術(120分)
【課題】
新潟県と同様

◆個人面接(2次試験)

　※個人面接には場面指導(生徒指導的な場面を想定し，児童生徒又は保護者等と対応するもの，自席に座ったまま行う)を含む。例年実施されていた模擬授業は，今年度は実施しない。

〈場面指導課題〉

▼小学校

□あなたは，5年生の担任です。

　　あなたの学級のAさんは，自分の考えや気持ちを伝えずに周りに合わせようとする傾向があります。

　　今日は個別懇談会です。Aさんの保護者との面談が始まりました。すると，保護者から「先日の学級の係活動を決めるときに，Aは第3希望の係になった。やりたかった係になれなかったことに加えて，気が合わないと感じているBさんと同じ係になった。係活動がいやだと言っている。」と言われました。

　　確かに，Aさんの希望した係に人が集まったとき，Aさんは別の係に変更していました。

　　あなたは担任として，どのように対応しますか。面接員をAさんの保護者だと思って話してください。

▼中学校，高等学校

□あなたは，2年生の担任です。

　　今日は教育相談です。Aさんとの面談が始まりました。すると，Aさんから「仲の良いBさんと班が一緒ではないので，来月の修学旅行に行きたくない。」と言われました。

　　確かに修学旅行の班のメンバーを話合いで決めたときに，寂しそうにしている姿がありました。

　　あなたは担任として，どのように対応しますか。面接員をAさんだと思って話してください。

▼特別支援学校教諭

□あなたは，知的障がい特別支援学校中学部1年生の担任です。

　あなたの学級のAさんは，地元の小学校の特別支援学級に在籍し，卒業後，特別支援学校中学部に入学しました。小学校の時から，教室で暴れたり，物をいたずらしたりするなど，自分の思いを誤った方法で伝えてしまうことがあります。そのため，学級の友達は落ち着いて学ぶことができません。

　個別面談時，Aさんの保護者が「うちの子，暴れてばかりですみません。学級の友達に迷惑かけていて，親としては，せつないです。」と相談してきました。

　あなたは担任として，どのように対応しますか。面接員をAさんの保護者だと思って話してください。


▼養護教諭

□あなたは，中学校の養護教諭です。

　3年生女子のAさんは，物事を自分中心に考えてしまう傾向がある生徒です。

　そのAさんが「おなかが痛いので，休ませてほしい。」と保健室に来ました。

　あなたは，最近Aさんが仲良しだったグループの中に入っていない様子があることを担任から聞いていました。

　あなたは養護教諭として，どのように対応しますか。面接員をAさんだと思って話してください。


▼栄養教諭

□あなたは小学校の栄養教諭です。

　入学式から1か月後，参観日に来校した1年生のAさんの保護者から「子どもが，給食は苦手なものばかりで食べたくないと言っている。」と相談されました。

　あなたは，以前給食の様子を見ていた際，Aさんが人参や玉ねぎ

などの野菜類を残している様子を見ていました。

　あなたは栄養教諭として，どのように対応しますか。面接員をA
さんの保護者だと思って話してください。


▼小学校　面接官3人　15分(場面指導5分を含む)
【質問内容】
□どのような教師になりたいか。
□一般企業で働いた時大変だった場面は。
　→どのように乗り越えたか。
　→教職にどのように生かしたいか。
　→10年後教師としてどのようになっているか。
□学校の安全教育をどのようにしていくか。
□保護者が学校に求めていることはなにか。
・1人の面接官が質問をし，2人は聞いてメモをとっている。
・前の質問に関連したことを流れで質問されたので，質問数を多く感
　じなかった。
・頷きながら聞いてくれた。
【場面指導】
□係決めで引っ込み思案のAさんが第一希望の係を友達に譲り，第三
　希望の係になってしまった。同じ係にはAさんが苦手なBさんが一
　緒であることが分かり，もう係の仕事はやりたくないし，あまり学
　校に行きたくないと保護者に相談，保護者が学校に来て説明を求め
　ている設定。
　→設定の紙を読み，自分のタイミングで場面指導を始める。
　→さらに聞きたいことを保護者役の面接官が聞いてくる。


◆集団面接(2次試験)　面接官2人　受験者5人　40分
　※集団面接では，当日提示される課題に対して，受検者同士が話合い
　　等を行う。

〈集団面接課題〉

▼小学校

□私たちが担当している5年生は，男子と女子の仲があまり良くありません。男子はどちらかといえば集団でハメを外してはしゃぎやすい傾向があり，女子は小集団を作って互いのグループごとで牽制し合っている傾向があります。

　最上級生である6年生への進級に向けて，みんなで協力して全校をリードしていく集団にしたいと考えます。

　そのために，学年として，夏休み以降に，私たちはどのような取組をしていけば良いでしょうか。

　水色の用紙に，あなたが考える「具体的な取組」を1つ書いてください。時間は2分間です。


▼中学校・高等学校

□グラフは，令和3年度の文部科学省調査の一部であり，「不登校の要因の主たるもの」のうち「学校に係る状況」の結果です。この結果を見て，あなたはどのようなことを考えましたか。「考えたこと」を，2分後に発表してもらいます。

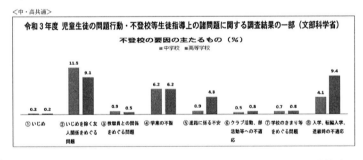

□今日の研修会では，不登校になる生徒を減らすために，中学校または高等学校の教職員として，具体的にどのような取組を行えばよいのか，話し合うことにします。

　それぞれが研修会後に，話合いの内容を各学校に持ち帰り，自校

での取組に生かせるように話合いを深めてください。

▼特別支援学校教諭

□将来，子どもが自立し社会参加できるようにするためには，自己の
もつ能力や可能性を最大限に伸ばすことが大切です。

　そのために，子どもにできるようになってほしいことは何ですか。
　水色の用紙に，あなたが考える「できるようになってほしいこと」
を具体的に1つ記入してください。時間は2分間です。

□今日の研修会では，特別支援学校小学部6年生知的障がいの児童が，
自己のもつ能力や可能性を伸ばしていけるようにするために，学級
担任として，どのような取組ができるか，具体的に話し合うことに
します。

　それぞれが研修会後に，話合いの内容を各学校に持ち帰り，自校
での取組に生かせるように話合いを深めてください。

▼養護教諭

□生活リズムの乱れは，学習意欲や体力，気力の低下の要因の1つで
あると言われています。

　あなたは，生徒の生活リズムが乱れる原因は何であると考えます
か。

　水色の用紙に，あなたが考える「生徒の生活リズムが乱れる原因」
を1つ記入してください。時間は2分間です。

□今日の研修会では，生徒が生活リズムを整えて充実した学校生活を
送るために，中学校の養護教諭として，どのような取組を行えばよ
いのか，具体的に話し合うことにします。

　それぞれが研修会後に，話合いの内容を各学校に持ち帰り，夏休
み明けからの自校での取組に生かせるように話合いを深めてくださ
い。

▼栄養教諭

□新潟市では，地産地消を推奨しており，学校給食でも地場産の食品を積極的に使用しています。

　今日の研修会では，学校給食や家庭で地場産物を食生活に取り入れることについて，児童の理解や実践が深まるように，自校給食の小学校の栄養教諭として，どのような取組ができるか，具体的に話し合うことにします。

　それぞれが研修会後に，話合いの内容を各学校に持ち帰り，自校での取組に生かせるように話合いを深めてください。

　水色の用紙に，あなたが考える「具体的な取組」を1つ記入してください。時間は2分間です。

# 2023年度　面接実施問題

## 新潟県

◆実技試験(1次試験)

▼中高英語　試験官2人(ALT 1名＋日本人教員 1名)　受験者1人　時間各5分

【課題】

□英語によるオーラルプレゼンテーション

(テーマに対して自分の考えを英語で話す)

〈テーマ〉

　　Wakamiya Masako is one of the world's oldest application developers. As she approached 60, she began learning computers in order to keep up with her friends. At 82, she launched a game application aimed at elderly users. In 2018, she had an opportunity to make a speech at the United Nations. She believes life begins again at 60 through technology and innovation.

▼中高家庭(60分)

【課題】

□配布した布，丸ひも，ループエンドを使って，次の図のようなまち付き巾着袋を，以下の指示に沿って，手縫いで製作しなさい。

〈指示〉

○　布を中表に合わせ，底が「わ」になるように半分に折る。

○　ひも通し口を残して，両脇を縫い代1cmでなみ縫いをする。

○　袋の口になる部分は，中折り1cm，できあがり幅2cmの三つ折りにし，袋の口の片方をなみ縫いをする，もう片方をまつり縫いをする。

○　袋の底の角の部分に，6cmのまちをそれぞれつくる。

○　左右のひも通し口から，丸ひもを通し，ひもの端をそれぞれ，ループエンドで処理をする。

※　持参した裁縫用具及び配付された用具を適宜使用する。

※　受検番号が書かれている面が布の表である。

※　布は，裁断済みである。

※　〈指示〉は，製作手順を示すものではない。


▼中学技術(80分)

【課題】

□指示された材料，道具類を用いて下図に示した「小物入れ」を製作しなさい。ただし，次の4点に留意すること。

〈留意点〉

○　すべての板の厚さは12mmとする。

○　けがき線は消さないこと。

○　くぎは26本配布するので，必要な分使用すること(くぎは余ってもかまわない)。

○　面取りなど，仕上げの作業は行わないこと。

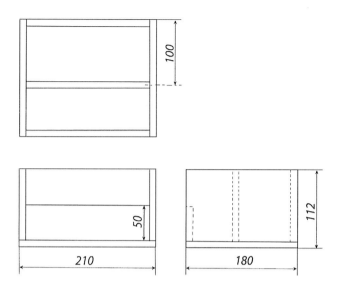

▼中高音楽

【課題1】

□令和4年度用文部科学省検定済教科書中学校音楽科用に掲載されて
　いる「赤とんぼ」「花の街」「夏の思い出」「浜辺の歌」「荒城の月」
　「花」「早春賦」の中から当日指定する1曲を，ピアノ伴奏をしなが
　ら歌唱する。(楽譜は当日指定したものを使用)

【課題2】

□アルトリコーダーによる視奏をする。(曲は当日指定)

▼中高保体

【課題1】

□ダンス(創作ダンス)

【課題2】

□マット運動

【課題3】

□ハードル走

▼中高美術(120分)

【課題】

□下記の条件に従い．画用紙に，モチーフを水彩で表現しなさい。

〈条件〉

(1)　4個のジャガイモから2個を選び，色紙4枚のうち，黒の色紙1枚と
　　その他の色紙1枚を選び，自由に構成し，水彩で表現すること。

(2)　色紙は，折って使用してもよい。

(3)　画用紙の縦・横は自由とするが，モチーフが画用紙に収まるよう
　　に描くこと。

(4)　背景の表現は，自由とする。

※要項記載の検査持参品以外の用具は使わないこと。また，用具の貸
　し借りはしないこと。

※用具を忘れた場合は申し出ること。

〈配布物〉

※画用紙A3判1枚，画鋲4個，カルトン，ジャガイモ4個，色紙4枚，下
　絵用紙1枚

◆個人面接(2次試験)　試験官2人　受験者1人　時間各20分

※個人面接は2回(Ⅰ・Ⅱ)行い，Ⅰでは学習指導や生徒指導等に関する
　事項，Ⅱでは教員としての資質・能力等に関する事項が主テーマと
　なる。

▼小学校

【質問内容Ⅰ】

〈学習指導〉

□あなたが授業で大切にしたいことは何か。

□主体的・対話的で深い学びをどのように指導していくか。

□学力向上のためにどのような取り組みをしていくか。

□子どもによって学力差があるが，教員としてどのように取り組んで

いくか。

〈生徒指導〉

□新潟県では「いじめをしない，許さない」を大切にしているが，あなたは教員としてどのように取り組んでいくか。

□自己有用感を育むために，あなたはどのような取り組みを行うか。

□あなたのクラスで授業中に立ち歩き，床で寝そべっている児童がいたらどう指導していくか。

→他の児童への指導等はどうするか。

□児童の欠席連絡があった際，どんなことを聞くか。

【質問内容Ⅱ】

□小，中，高と教員免許を取得する見込みになっているが，なぜ小学校の教員を志望しているのか。

□教員になろうと思ったのはいつごろからか。また，きっかけはなにか。

□中学校の教育実習に行った感想は。

→授業中の生徒の様子はどうだったか，寝ている人とかはいなかったか。

□数学を苦手とする生徒はいなかったか。

□これまでの人生で失敗したことは何か。

□バドミントンを中・高と長くしているが，そこで何を学んだか。

□アルバイトはしているか，どのようなことをしていたか。

□あなたは怒ったり，ストレスがたまったりするのか。

→ストレスがたまったら，どうしているか。

□あなたが今所属しているサークルに入ろうと思ったのはなぜか。

□運動に関する技能でスキーと書かれているが，アルペンか，クロスカントリーか。また，毎シーズンしているのか。

□たくさんのスポーツ経験があるが，これらはあなたがやりたいといって始めたのか。それとも，親がやらせていたのか。

□ピアノはどの程度弾けるか。授業で弾けるぐらいか。

□ギターはいつごろから始めたのか。どの程度弾けるか。

□ICT機器をどのくらい扱えるか。

□今，教員になる人が不足しているが，なぜだと思うか。

　→どうしたらこの問題が解消していくと思うか。

　→教員の仕事はブラックだといわれるが，それでも教員を目指すのはなぜか。

□面倒な親にどのように対応していこうと考えているか。

・面接Ⅰでは，過去問から出た質問がいくつかあったため，過去問を見て自分の回答を考えておくとよい。その際，一つの回答だけでなく，「他には？」と聞かれたときにも対応できるよう複数考えておくとよい。

・面接Ⅱでは，事前に提出した自己申告用紙をもとに，自分のことについて多く聞かれた。特に経験したことからどのようなことを学んだかという質問が多くあった。

▼中高数学

【質問内容Ⅰ】

□中・高どちらがいいか。

　→それはなぜか。

□あなたが思う数学の魅力は何か。

□指導する上で気を付けたいことはあるか。

□あなたが数学で好きな分野は何か。また，その分野をどのように扱うか。

□ICTをどのように扱うか。

□あなたがこれまでで失敗したことは。また，それをどのように乗り越えたか。

□どのような学級をつくりたいか。そのためにはどうするか。

□部活動の地域移行に対してどのように考えるか。

【質問内容Ⅱ】

□なぜ，あなたは中学校の教員がいいのか。

□ストレスへの対応はどうするか。

□年度初めの多くの業務に対してどう取り組むのか。
□友達は多い方か。
□あなたが大学で特に学んできたことは何か。
□授業の質を上げるためにはどうすればよいか。
□ずばり，あなたの強みとは。
・面接Ⅰでは，専門的な内容を聞かれるので，中・高の教科書をよく見ておいた方がよい。
・面接Ⅱでは，自分の考えについて複数聞かれるので，ワンパターンではなくスリーパターンくらい答えを持っておくとよい。

▼中高社会
【質問内容Ⅰ】
□授業で近・現代を扱うときに留意することは。
□なぜ社会科なのか。
　→暗記科目ととらえる理由は。
□ICTを使った授業とは。
□評価と指導の一体化について。
□歴史総合の具体的な事例について。
□公民としての資質とは何か。
□どのような生徒を育てていきたいか。
□SNSの投稿について，クラスの生徒の悪口が書かれていたらどう対応するか。
□体育祭への参加を拒否する生徒に対して，どう対応するか。
□授業がつまらないという生徒に対して，どう対応するか。
□部活動中に生徒が倒れた，周りには数人生徒がいるが，どう対応するか。
□授業中に飛び出してしまう生徒に対して，どう対応するか。
□学校のレベルが低くてやめたいという生徒に対して，どう対応するか。
【質問内容Ⅱ】

□志望校種について。

□異動は平気か。

□なぜ教員を志望しているのか。

□他の地方公共団体は受けているか。

　　→民間は受けているか。

□長所について。

□意気込みについて。

□ストレスの対処法。

□教員として大切なことは。

□クラス経営について大切なことは。

□大学でのゼミや卒業研究について。

□教員は比較的忙しいといわれているが，何で目指すのか。

□相談するなら誰にするか。

□地域住民からのクレームについて。

□プログラミングはどれくらいできるか。


▼中高英語

【質問内容Ⅰ】

□What did you make to become an English teacher?

□For student who are not willing to study English, how will you teach to them?

□Please tell SDGs for student who don't know about it.

□いじめはゼロにできると思うか。

□保護者から，先生の授業が効果的でないとクレームが入った際，どう対応するか。

□いじめを受けていると他の先生に伝えた自分のクラスの生徒がいた。どう対応するか。

【質問内容Ⅱ】

□新潟県ともう一つ受けていた自治体，両方受かった場合どうするか。

□大学院への進学の予定はあるか。

□新潟県教員になりたい理由は。
□これからの指導の際のために一番身につけておきたい力は。
□生徒に身につけさせたい力は。
□留学先でのどんな経験が一番印象的だったか。

## 新潟市

◆実技試験(1次試験)
▼中高英語
□英語によるオーラルプレゼンテーション
(テーマに対して自分の考えを英語で話す)

▼中高家庭(60分)
【課題】
新潟県と同様

▼中学技術
【課題】
新潟県と同様

▼中学音楽
【課題】
新潟県と同様

▼中高保体
【課題1】
□マット運動
【課題2】
□ハードル走
【課題3】

□バレーボール


▼中高美術(120分)
【課題】
新潟県と同様



◆個人面接(2次試験)　試験官2人　受験者1人　時間各20分
　※個人面接は2回(A・B)行い，Aでは学習指導や生徒指導等に関する事
　　項(模擬授業，場面指導を含む)，Bでは教員としての資質・能力等
　　に関する事項が主テーマとなる。
【模擬授業課題例】
▼小学校
□国語第5・6学年　読むこと
□算数第3学年　測定
　第5学年　変化と関係


▼中高国語
□中学校　我が国の言語文化に関する事項


▼中高社会
□中学校　歴史的分野(近現代の日本と世界)
□中学校　地理的分野(日本の様々な地域)


▼中高数学
□中学校第2学年　図形
□中学校第3学年　数と式


▼中高理科
□中学校　第1分野(身の回りの物質)

□中学校　第1分野(化学変化とイオン)

▼中高音楽
□中学校　表現(歌唱)

▼中高美術
□中学校　鑑賞
□中学校　表現

▼中高保健体育
□中学校　体育分野(体育理論)
※面接会場は普通教室。
※面接時はクールビズ等，動きやすい服装で可。面接前の更衣はなし。

▼中高技術
□中学校　材料と加工の技術

▼中高家庭
□中学校　家族・家庭生活

▼中高英語
□中学校　文，文構造及び文法事項

▼特別支援
□知的障がい特別支援学校小学部・中学校　生活単元学習

▼養護教諭
□中学校　保健分野(心身の機能の発達と心の健康)
□中学校　保健分野(健康な生活と疾病の予防)

▼小学校

【質問内容】

□最近気になるニュースについて。

　→子どもにどう伝えるか。

□同窓会の幹事になり，もう1人の幹事が「会いたくない人がいる」と言った。どうするか。

　→「その人にいじめられていた」と明かされた。どうするか。

□教員の不祥事について。

□特支の児童と関わる際，気を付けること。

□理想の教師像。

□ほめるとき，しかるとき，それぞれ何に気を付けるか。

・面接官の方は優しい雰囲気であった。

・1つのことについて深く，というよりは浅く聞かれた。

【模擬授業(A)】(10分)

□3年生　距離のくりあげの問題(1m60cm＋2m70cm＝3m＋130cm→4m30cmを理解させる授業)

※1m＝100cmは学習済みの設定。

【場面指導(A)】(10分)

□あなたは5年生の担任になりました。前からプリントを回すとき，AくんがなかなかBくんにプリントを渡さず，BくんはAくんの背中をたたいてしまいました。その日の放課後，Bくんと2人で話をします。

※面接官1名がBくん役，もう1名が書記を担当

# 2022年度　面接実施問題

## 新潟県

◆実技試験(1次試験)

▼中高英語

【課題】

□英語によるオーラルプレゼンテーション

(テーマに対して自分の考えを英語で話す)

〈テーマ〉

Are you too worried about making mistakes as if you were expected to speak perfect English?　The goal of language learning should be communication, not perfection.　The only way to improve your foreign language skills is to learn from your mistakes.　Even if your English skills are far from perfect, you don't have to be embarrassed at all.

▼中高家庭(60分)

【課題】

□配布した布を使って，次の図のようなポーチを，裏面の手順に沿って手縫いで製作しなさい。

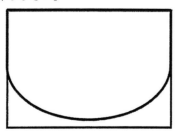

※　持参した裁縫用具及び配布された用具を適宜使用する。

※　受験番号が書かれている面が布の表である。

※　縫製は一本取りで行うこと。

※　玉どめは外に出てよいが，表には出さない。

※　指示のない部分については，寸法を考慮しなくてよい。

〈手順〉

1　布端アとイを，それぞれ中折り1cm，できあがり幅2cmの三つ折り
　　にし，なみ縫いをする。

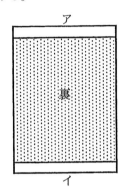

2　1で縫ったアとイを，下の図の寸法に従い中表に折る。

　　　ふたになる部分に，型紙を使用して印をつけて，なみ縫いをする。

　　　ポケットになる部分の両端を，縫いしろ2cmでなみ縫いをする。

※ふたになる部分の曲線は，仕上がりがきれいになるように工夫する。

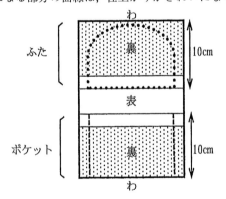

3　2で縫った布を表に返す。

　　下の図のウ，エの部分を，中折り1cm，できあがり幅1cmの三つ
　折りにして，表から見える部分をまつり縫いをする。

4　ふたがとまるように，スナップを付ける。

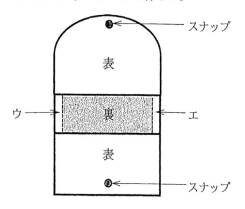

▼中学技術

【課題】

□指示された材料，道具類を用いて下図に示した「小物入れ」を製作
　しなさい。ただし，次の5点に留意すること。

〈留意点〉

①　側板及び裏板用の板の厚さは12mmとする。底板用の合板の厚さ
　は2.9mmとする。

②　けがき線は消さないこと。

③　くぎは大4本，小6本とする。また，それぞれ予備として2本ずつ
　配布する。

④　前板用のパンチングアルミ(下図の穴の大きさと位置はイメージ)
　を取り付ける際には，木ネジを4本使用すること。

⑤　面取りなど，仕上げの作業は行わないこと。

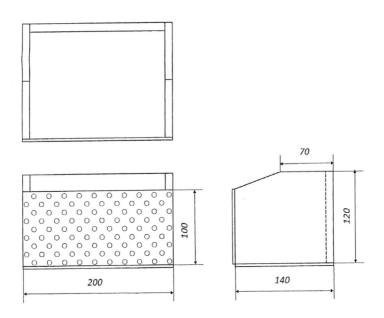

▼中高音楽

【課題1】

□令和3年度用文部科学省検定済教科書中学校音楽科用に掲載されて
　いる「赤とんぼ」「花の街」「夏の思い出」「浜辺の歌」「荒城の月」
　「花」「早春賦」の中から当日指定する1曲を，ピアノ伴奏をしなが
　ら歌唱する。(楽譜は当日指定したものを使用)

【課題2】

□アルトリコーダーによる視奏をする。(曲は当日指定)

▼中高保体

【課題】

□検査種目

①　ダンス(創作ダンス)　②　マット運動　③　ハードル走

▼中高美術(120分)

【課題】

□下記の条件に従い，画用紙に，水彩で表現しなさい。

〈条件〉

(1)　コピー用紙を折って，紙飛行機を作ること(紙飛行機の折り方は自由とする)。

(2)　(1)で作った紙飛行機をもった手を描くこと(紙飛行機も描くこと)。

(3)　画用紙の縦・横は自由とするが，紙飛行機と手が画用紙に収まるように描くこと。

(4)　背景の表現は，自由とする。

※要項記載の検査持参品以外の用具は使わないこと。また，用具の貸し借りはしないこと。

※用具を忘れた場合は申し出ること。

〈配布物〉

※画用紙A3判1枚，画鋲4個，カルトン，下絵用紙1枚，コピー用紙(15cm×15cm)1枚

◆個人面接(2次試験)　試験官2人(Ⅰ・Ⅱ)

※個人面接は2回(Ⅰ・Ⅱ)行い，Ⅰでは学習指導や生徒指導等に関する事項，Ⅱでは教員としての資質・能力に関する事項が主テーマとなる。

▼小学校教諭

【質問内容Ⅰ】

□主体的・対話的で深い学びの，「深い」とは。

　→社会科の稲作で学んだことを，総合でどう生かすか。

□いじめアンケートで，「お父さんから暴力を振るわれている」という訴えがあった。どう対応するか。

□机間指導の目的は。

□新潟県の教育施策で，○○(いじめに関すること)とあるが，いじめ
　を防ぐためにどのような指導を行うか。
□生活科の授業で気をつけるポイントは。
□飼育していた動物が死んでしまった。どう指導するか。
【質問内容Ⅱ】
□民間で正規職員として働いているのに，教員になろうと思った理由
　は。
□挫折した経験は。
　→何か諦めたことはありますか。
□ICTをどう活用していくか。
□中高の英語や公民の免許を持っているのに，なぜ小学校の教員に。
□中高ではなく，小学校の教員になりたいと思ったタイミングは。
□気になる教育問題は。
　→(SNSでの誹謗中傷ですという答えに)低学年の子どもにどうSNS
　　の指導をするか。
　→高学年の子どもにどうSNSの指導をするか。
　→実際のSNS事例を見せて指導するといった回答。
　→「実際の事例を見せるから子どもがマネするんだ」と同僚に言わ
　　れたらどうしますか。
□同僚や保護者と関わっていく上で気をつけるポイントは。
□英語専科があるのは知っているか。
　→より広い分野を指導したいという理由で，専科教員というよりは，
　　学級担任をしたいということでいいか。
・1次試験では出題されない国・算・理・社・英以外の教科について
　の質問が，2次試験でなされる場合がある模様。
・教育法の本を読むなどして，各教科の指導方針をまとめておくと良
　いと思う。

▼中高数学

【質問内容】※面接Ⅰ・Ⅱ混合

□取得見込み免許の確認。

□教育実習をいつ行ったか，これから教育実習をする予定はあるのか。

　→コロナ禍の教育実習はどうだったか，滞りなく行われたか。

□どうして中学校志望なのか。

□教員になりたいと思う理由。

　→きっかけとなる具体的な体験はあるか。

□教育実習で嬉しかったことや楽しかったことは何か。

　→教育実習で大変だったことは何か。

　→大変だったことと生徒が喜ぶ姿をみること(前の質問で生徒が喜
　　ぶ姿をみて嬉しく感じたと回答)を比較してどうか。

□授業力を高めるために何をするか。

　→(研究会に参加すると回答し)今までに参加したことはあるか。

□中学校3年間を過ごした生徒に求める姿(どのような生徒になってほ
　しいか)。

□同級生とコミュニケーションをあまりとらない生徒への対応。

　→それによって「えこひいきしている」と生徒に言われた時の対応。

□平方根の意義。

　→有理数は離散的なものかどうか。

□どんな学級にしたいか。

□採用され4月に，中学1年生の数学の最初の授業を行う際，どのよう
　なことを伝えるか。

　→(抽象的になることを説明すると伝えたら)それは具体的にどの分
　　野なのか。

　→抽象的は意味そのものが分かりにくい，どう説明するのか。

□他の自治体は受けたか。

□民間企業は受けたか。

□中学校志望と高校志望どちらなのか。

　→高校に配属されても良いかどうか。

□勤務地が遠くてもいいか。

　→それについて保護者は納得しているか。

□教員になることに対する熱意。

□理想の教師像。

□教師間の連携を徹底するために普段何をするか。

□生徒同士のトラブルが発生。保護者から連絡があり，「去年はこのようなことはなかった，今年度から新しく担当になったあなたのせいなのではないか」と言われた時の対応。

　→しつこくあなたのせいだと言われた時の対応。

　→トラブルの原因はあなただけなのか。

□「先生にだけ伝えたいことがある，他の人には内緒にしてほしい」と悩みを抱えている生徒に言われた時の対応。

　→「先生を信頼して伝えたから，他の人には絶対言わないで」と強く言われた時の対応。

□学年会議を行う際，自分の考えと対立する考えを主張した先輩の先生がいる，どのように対応するか。

□いじめはダメだという認識は生徒の中にあるが，いじめが起きないようにするために何をするか。

□採用されて学校で働く際，他の先生に教えてもらいたいこと。

□いい授業をするために，どうするか。

　→(他の先生に相談すると回答し)田舎の学校だと同じ学校に数学の先生がいない可能性があるが，その場合どうするか。

□大学で何の研究をしているか具体的に分かりやすく説明。

　→教員になった時にその力をどう生かすか。

□最近の教育問題

・面接Ⅰと面接Ⅱで質問内容が分かれていると思っていたが，面接Ⅱでも場面指導に関する質問が多くあった。また，自身に関すること(長所や短所)についてあまり聞かれなかった。

・自身に関することのうち，よく聞かれる内容については回答を用意した。

・学習指導や場面指導は正解が分からないため，他の教員採用試験受験者と共有したり，インターネットで調べたりした。

・教員採用試験受験者で面接練習を行った。ビデオ撮影し，それを見ながら振り返って適当な回答について考えを出しあった。

・面接Ⅰは20点(満点40点)，面接Ⅱは25点(満点50点)。2次試験不合格だった。

・2次試験の主な流れ

① 受付

・1次試験の受験票(1次試験の時に回収されているもの，顔写真付き)をもらう。

② 移動

・5人1組で移動する(国語，社会，理科，英語の受験者と同じだった気がする)。

・荷物は廊下に置かれた机の上に置く。

③ 面接Ⅰ開始(20分程度)

・面接室に誘導した方が大声で「どうぞ」と言ったら，5人それぞれ入室する。

※面接室にいる面接官が「どうぞ」とは言わなかった。

・1次試験の受験票を持って入室した。そのまま回収される。

・マスクを外して受験番号と名前を言う。基本的に面接官から指示があるのでそれに従う。

④ 移動

・同じグループの人達が全員そろってから移動する。

・5分程度しかない。すぐに面接Ⅱが始まる。

⑤ 面接Ⅱ開始(20分程度)

・2次試験の受験票は持たずに入室する(自分は受験票を持って入室したが不要だった)。

・面接Ⅰ同様，マスクを外して受験番号と名前を言う。

〈面接配置〉

・受験者1人，面接官2人(面接Ⅰ・面接Ⅱ)

43

# 新潟市

◆実技試験(1次試験)

▼中高英語

【課題】

新潟県と同様

▼中高家庭(60分)

【課題】

新潟県と同様

▼中学技術

【課題】

新潟県と同様

▼中学音楽

【課題】

新潟県と同様

・試験前に少し練習する時間がある。

・拍子が3回変わる，調号も変わる。12小節ほどの長さ。

・元気に入室して落ち着いてやれば大丈夫である。

▼中高保体
【課題】
新潟県と同様

▼中高美術(120分)
【課題】
新潟県と同様

◆個人面接A・B(2次試験)　試験官2人　　各20分
※個人面接は2回(A・B)行い，Aでは模擬授業・場面指導が含まれる。
【模擬授業課題例】
　▼小学校
　□国語　我が国の言語文化に関する事項
　□算数　数と計算

　▼中高国語
　□中学校　読むこと

　▼中高社会
　□中学校　歴史的分野(近世までの日本とアジア)
　□中学校　公民的分野(私たちと経済)

　▼中高数学
　□中学校第2学年　数と式
　□中学校第3学年　図形

▼中高理科
□中学校　第1分野(化学変化と原子・分子)
□中学校　第2分野(地球と宇宙)

▼中高音楽
□中学校　表現(歌唱)

▼中高美術
□中学校　鑑賞
□中学校　表現

▼中高保健体育
□中学校　体育分野(陸上競技)
□中学校　体育分野(器械運動)

▼中高技術
□中学校　情報の技術

▼中高家庭
□中学校　消費生活・環境

▼中高英語
□中学校　話すこと(やり取り)

▼特別支援
□知的障がい特別支援学校小学部　遊びの指導
□知的障がい特別支援学校小学部・中学校　生活単元学習

▼養護教諭
□小学校第5・6学年　保健(病気の予防)

□小学校第5・6学年　保健(けがの防止)

▼小学校教諭
【質問内容】
□学校経営。
□最近気になるニュース等。
※どの質問についても，学校にどう生かしていきたいかを聞かれた。
【模擬授業(A)】(10分)
□4年生　小数のかけ算　導入部分
　　1.2×3
【場面指導(A)】(10分)
□先生はAさんばかりほめる。私もほめてほしい。
　　→これについて10分間話し合う
受験者：教師　試験官：子ども
・試験官の一人は記録係

▼小学校教諭
【質問内容】
〈男性試験官からの質問〉(7分)
□自己PRを1分程度で
　　→「アルバイトを頑張っていた」とのことだが，具体的に仕事内容
　　　がどう変化したか。
　　→「他のアルバイトに指示を出す」とのことだが，どれくらいの人
　　　数だったか。
　　→役職名とかはあるのか。
　　→時給はあがったか。
□「粘り強く物事に取り組む」とのことだが，それは教員になってか
　らどこまで生かせるか。
　　→「いじめ」について粘り強く取り組むというのは具体的には。
　　→「いじめ」について，情報はどのように手に入れているか。

→教育に関わらず，あなたは知りたいことがあるとき，どのように
調べるか。

〈女性試験官からの質問〉(10分)

□新潟県立大学の国際地域学部とのことだが，何か新潟市の地域で活
動をしたという経験はあるか。

□教育実習で学んだことはあるか。

□どんな学級経営をしたいか。

□理想の教員像は。

□学校教員になると，色々と大変なことがあると思うが，普段あなた
はどんなふうにストレスを発散しているか。

　　→歌うことが好きなら，それはいつからか。

□いつから教員を志望したか。

　　→就職解禁の時期とのことだが，そのように(通信制に通うことに
ついて)考えたのはなぜか。

□挫折経験はあるか。

【場面指導(A)】(10分)

□あなたは4年生の学級担任である。今日は昼休みにAさんが，「先生
はいつもBさんのことばかりほめていてずるい。」と話してきた。こ
れを受けて，放課後にAさんと2人で話をすることにした。私(面接
官1名)が，Aさん役をするので，対応しなさい。構想がまとまった
ら，始めなさい。

〈形式〉

・模擬授業が終了→受験者が黒板を消す→その間に面接官が課題が書
いてあるプリントを裏返しにして机に置く→着席するとプリントを
表にするよう指示される→座ったままで場面指導を対応する

【模擬授業(A)】(10分)

□3年生の算数「1.2Lの水を3つ用意しました。合計いくらの水になり
ますか」

※私たちを子どもだと思って授業をしなさい。なお，問題はプリント
に書いてあり，それを子どもたちに配ってある。必要であれば，黒

板を用いてもかまわない。構想がまとまったら，始めなさい。

〈形式〉

・教室に入ると，机にプリントが2枚，伏せて置いてある→番号，名前を言って着席すると，プリントを見るように指示される→1枚には問題(子どもに配るものと同じ)，もう1枚には※の内容が記載してある。

・構想の時間指定はない。指導案も書かない。

・2次試験は午前と午後に分かれていた。

・午後組：12：35〜12：50受付→控室で試験の説明

・個人面接と場面指導・模擬授業は別の教室で行われる。

・個人面接が終わった後は，控室に戻らずに場面指導・模擬授業の教室へと移動する。

・クールビズを行っており，ほとんどの受験生が半袖Yシャツ，ノータイノージャケットであった。


▼中高英語

【質問内容】

□志望動機。

　→インターンについての深堀り。

□どういう学級を作りたいか。

　→どうやって実現するか。

□英語が分からない生徒がいたらどうするか。

□関心のある教育問題は何か。

　→どうしたらそれを解決できるか。

□アピールポイントは何か。

【場面指導(A)】(10分)

□A君がB君にバスケットボールをぶつけた。A君を呼び出して話を聞くという設定。

・面接官1人が生徒役になる。

【模擬授業(A)】(10分)

□to不定詞の副詞的用法の目的用法を使ってALTと話せるようにするための授業。

・その文法事項については説明済み。

・最初は決められた文(例文の文法事項の1つを読んで始める。面接官1人が英語ができない生徒役)

・生徒役は全体的に協力的である。

・授業について考える時間はあるが，構想時間は決められていなかった。

▼中高音楽

【質問内容】

□学校に入ってからどんな取り組みをするか，ということや，具体的な教育活動をきかれる。

□学級の子どもに対しての自己紹介をしなさい。

・趣味について質問されたが，話は広がらなかった。

・即戦力を求めている感じがした。

【場面指導(A)】(7分)

□「体育の時間にAさんがBさんにバスケットボールをぶつけている。その場で注意したが不服そうなのでもう一度呼んで話を聞く」。

・左側の面接官が生徒A役。

・基本的にとても優しいが，なんともいえない空気感が流れる。

・のまれずにやりきることが大切。

【模擬授業(A)】(5分)

□「荒城の月の曲想を感じとって歌うにはどうするか」という発問からはじめる。

〈受験者の板書例〉

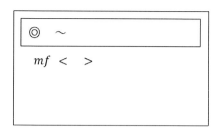

・面接官は2人とも反応してくれるのでやりやすかった。
・沢山準備したら落ちついてできる。誘導の方も優しいので安心できた。
・上履きと体温を計測した用紙が持ち物にあるため忘れないように気を付けたほうがよい。


▼養護教諭
【質問内容】
□受験者個人に関する質問。
□周りからどのような性格だと言われるか。
□保護者世代との関わりの経験はあるか。保護者と接するときはどのようなコミュニケーションをとれば良いと考えるか。
□苦手な人と接するときどうしていたか。
□養護教諭や教育についての質問。
□チーム学校において養護教諭に求められること。
□子どもが安心して学校生活を送るために養護教諭としてどう取り組むか。
□教員による不祥事にはどのようなものがあるか。どうしてか。
・1〜2分で自己PRをしてから，追質問をされたので話したいことやアピールしたいことを話して質問を引き出せるように誘導できたらよいと感じた。
【場面指導(A)】(10分)
□リストカットが疑われる事例

　「転んで怪我しただけです」「親には言って欲しくないです」と生徒
から言われたという設定
【模擬授業(A)】(10分)
□けがの予防について怪我は環境要因と人的要因が組み合わさって生
　じることを学習する。
　Aさんは廊下を走っている時に濡れている床で滑って転んで怪我を
した。「どうしてAさんは怪我をしてしまったのだろう」という発問か
ら授業を始めなさい。

# 2021年度　面接実施問題

## 新潟県

◆実技試験(1次試験)

▼中学英語

【課題】

□英語によるオーラルプレゼンテーション

(テーマに対して自分の考えを英語で話す)

▼中学家庭(60分)

【課題】

□次の図のようなミニバッグを，下の指示により製作しなさい。

○　袋布を中表に合わせ，両脇は縫い代1cmでなみ縫いをする。

○　袋の口は，中折り1cm，できあがり幅2cmの三つ折りにし，まつり縫いをする。

○　袋の口に，持ち手を縫い付ける。

○　袋口から1cm下の中央の位置に，飾りボタンをつける。

※製作手順は，このとおりでなくてもよい。

注意1：受検番号が書かれている面が布の表である。

注意2：ボタンには糸足をつけること。


▼中学技術(80分)

【課題】

□指示された材料，道具類を用いて下図に示した「状差し」を製作し
　なさい。ただし，次の4点に留意すること。

〈留意点〉

○すべての板の厚さは12mmとする。

○けがき線は消さないこと。

○くぎは16本使用すること。(予備を含めて18本配布する。)

○面取りなど，仕上げの作業は行わないこと。

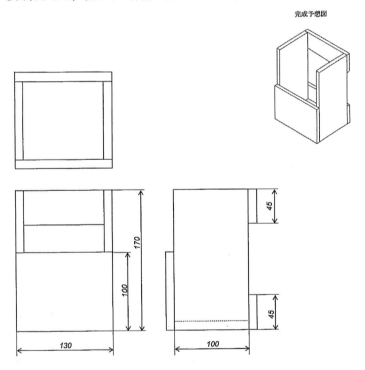

完成予想図

▼中学音楽

【課題1】

□ピアノ伴奏・歌唱

　令和2年度用文部科学省検定済教科書中学校音楽用に掲載されている「赤とんぼ」「花の街」「夏の思い出」「浜辺の歌」「荒城の月」「花」「早春賦」の中から当日指定する1曲を，ピアノ伴奏しながら歌唱する(楽譜は当日指定したものを使用)。

【課題2】

□リコーダー視奏

　アルトリコーダーによる視奏をする(曲は当日指定)。


▼中学保体

【課題1】

□ダンス(創作ダンス)

【課題2】

□マット運動

【課題3】

□ハードル走


▼中学美術(120分)

【課題】

□下記の条件に従い，画用紙に，モチーフを水彩で表現しなさい。

〈条件〉

(1) 紙風船中1個　小1個を膨らませ，自由に構成し，水彩で表現すること。

(2) 画用紙の縦・横は自由とするが，モチーフが画用紙に収まるように描くこと。

(3) 背景の表現は，自由とする。

(4) 紙風船の膨らませ方は自由とする。

※配付物は画用紙A3判1枚，画鋲4個，カルトン，下絵用紙1枚，紙風

船 中1個・小1個であった。

※要項記載の検査持参品以外の用具は使わない。また，用具の貸し借りはしない。用具を忘れた場合は申し出る。

◆個人面接(2次試験)　試験官2人(Ⅰ・Ⅱ)

※個人面接は2回(Ⅰ・Ⅱ)行い，Ⅰでは学習指導や生徒指導等に関する事項，Ⅱでは教員としての資質・能力に関する事項が主テーマとなる。

▼小学校教諭

・どちらもなごやかな雰囲気で行われた。

・マスクは，受検番号と名前を言う際のみ外した。

【質問内容(Ⅰ)】

□児童にやる気を出させるためにどうするか。

□野菜を育てる授業をつくるとき，どのように興味を引かせるか。

　→ついてこられない子にはどうするか。

□廊下を走っている子に注意した時，反抗されたらどうするか。

□児童の携帯電話の使い方はどのように指導するか。

□児童と対面する時に，大切にしたいことは何か。

【質問内容(Ⅱ)】

□ピアノは弾けるか。

□全県異動でも大丈夫か。

□自分が教師に向いていると思うところはどこか。

□教育実習で学んだこと，大変だったことは何か。

□運転時に，自分が速度超過した場合，誰に最初に謝るか。

□クラブ活動をどのように行いたいか。

・表情豊かに答えることを心がけるとよいと感じた。

▼小学校教諭
【質問内容】
□生活科の目標を述べよ。
□担任として子どもに最初にどんなことをするか。
□どのような学級運営をするか。
□どうして新潟県の教員を目指すのか。
□どうして小学校なのか。
□前職での経験で教員として活かしていけることは何か。
□ピアノは弾けるか。
□グループの作業中，1人だけグループになじめない子どもがいたらどうするか。
□夏休み明け言葉づかいが悪い子がいた場合，どうするか。
□何でも教師にいちいち確かめて作業を進めていく子どもがいた場合，どうするか。
□クラスで盗難がおき，保護者に防犯カメラを教室につけることを要請された。どう対応するか。
□ICTを活用した授業で，操作にとまどう子どもがいた場合，どうするか。

▼小学校教諭
【質問内容(Ⅰ)】
□主体的・対話的で深い学びに対するあなたのイメージを述べよ。
　→それを具体的な場面でどう使うか述べよ。
□板書で工夫する点を述べよ。
　→児童の意見を聞く時に気をつけることは何か。
□体育が嫌いな児童にはどう対応するか。
□「粘り強さ」が嫌いな児童にどう対応するか。
□社会で施設見学に行くメリットは何か。
　→自分が工夫するとしたら何か。
□ゴミ箱に靴が捨ててあった場合，どう対応するか。

□授業中に座っていられない児童にはどう対応するか。
　→その子が床に寝そべって動かない場合はどうするか。
□学級をどんな雰囲気にしたいか。また，その理由は何か。
□児童の自己肯定感を育てるために，何をするか。
【質問内容(Ⅱ)】
□ピアノは弾けるか。
□他の自治体との併願状況について述べよ。
　→両方合格したらどうするか。
□最も気になる教育問題について述べよ。
□自分が教員に向いていると思うところはどこか。
□教員に一番必要なものは何か。
□「地域と学校が一体」とよくいわれるが，どのようなイメージを持っているか。
□学校の教育目標と自分の目標が異なる場合，どちらを優先させるか。


▼中学社会
【質問内容】
□新潟県教員を志望した動機は何か。
□目標とするような教員は今までいたか。
□今までの人生で大変だったことは何か。
□子どもたちにどのようになってほしいか。
□教員として大切にしたいことは何か。
□県内は広いが，転勤は大丈夫か。
□どんなクラスをつくりたいか。
□地理と歴史を一緒に学ぶ意義はどこにあるか。
□中学校1年生に社会科を教える上で注意することはあるか。
□あなたのクラスでいじめがあった場合，どのように対応するか。


▼養護教諭
【質問内容(Ⅰ)】

□命を守るための取組を述べよ。
□これまでの経験から，防災教育が大切だと思う理由を述べよ。
□児童生徒の保健委員会で歯周病予防の取組をすることになった。どのように取組むか。
□あなたが赴任した学校では，前年度熱中症が多かった。どう対応するか。
□繰り返し指導しても水分補給をしない生徒にどう対応するか。
□感染症が怖くて登校したくないという生徒にどう対応するか。
　→生徒は感染症について十分に知識を持っており，それでも怖いという生徒にどう対応するか。
□繰り返し説得しても，悩み事を秘密にして欲しいという生徒にどう対応するか。
□いじめについてどう思うか。早期発見には何が大切だと思うか。
□長距離走の後，息苦しさを訴え，他の生徒に連れられて来室した生徒にどう対応するか。
□小学校低学年の児童が「昨日転んだ」といい，土のついたままの傷を見せた。何を疑い，どう対応するか。
【質問内容(Ⅱ)】
□面接Ⅰの感想を述べよ。
□なぜ新潟県を受験したのか，他県は受験したか。
□佐渡や離島への赴任も問題ないか。
□養護教諭を目指したきっかけを述べよ。
□講師をしていて困ったこと，それをどう乗り越えたかについて述べよ。
□新聞や本を読むか。心に残っている本は何か。
□人生の中で一番の失敗，ピンチは何か。
□自分の強みと弱みを述べよ。
□友人からどういう人だと言われるか。
　→子どもに「先生ってどんな先生」と聞かれたらどう答えるのか。
　→保護者に「どんな先生」と聞かれたらどう答えるのか。

□部活を始めたきっかけを述べよ。

□部活をしていて一番印象に残ったことを述べよ。

□ストレス発散方法は何か。

□感染症が拡大してから，変化した行動，新しく始めたことは何か。

□交通事故や速度超過をしたときに誰に一番最初に謝るか。

・質問内容(Ⅰ)は毎年同様なので，どう解答するか考えておくとよい
　だろう。

## 新潟市

◆実技試験(1次試験)

▼中高英語

【課題】

□英語によるオーラルプレゼンテーション

(テーマに対して自分の考えを英語で話す)


▼中高家庭(60分)

【課題】

□次の図のようなミニバッグを，下の指示により製作しなさい。

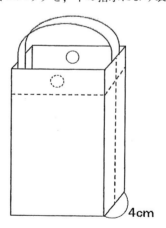

4cm

○　袋布を中表に合わせ，両脇は縫い代1cmでなみ縫いをする。
○　底の角を三角形に開き，まちを作る。
○　袋の口は，三つ折り(中折り1cm，できあがり幅2cm)にし，まつり縫いをする。
○　袋の口に持ち手を縫い付ける。
○　袋口の内側の中央の位置に，スナップを付ける。
※製作手順は，このとおりでなくてもよい。
※受検番号が書かれている面が布の表である。


▼中学技術(80分)
【課題】
□指示された材料，道具類を用いて下の第三角法による正投影図で示した「状差し」を製作しなさい。
　ただし，次の4点に留意すること。
〈留意点〉
○　すべての板の厚さは12mmとする。
○　けがき線は消さないこと。
○　くぎは16本使用すること。(予備を含めて18本配付する。)
○　面取りなど，仕上げの作業は行わないこと。

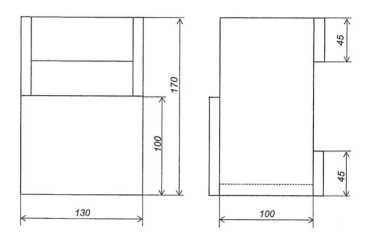

▼中高音楽

新潟県と同様

▼中学保体

新潟県と同様

▼中学美術(120分)

新潟県と同様

◆個人面接(2次試験)　試験官2人(A・B)

※個人面接は2回(A・B)行い，Aでは模擬授業・場面指導が含まれる。

▼小学校教諭

【質問内容(A)】

□ボランティア活動の具体的内容について述べよ。

□小学校教諭の志望理由について述べよ。

□いつから小学校教諭を目指したか。

□児童にどんなことを伝えたいか。

□どんな授業をしたいか。

□学習意欲の低い児童にどう対応するか。

※事前に提出してある自己PRカードからの質問や，追質問が多い。

【模擬授業(A)】

□12×4のかけ算の文章題

※面接官は児童役をし，ロールプレイ形式です。

※黒板・チョーク(3色ほど)を使用可。

※児童とのやりとりが求められる。時間については特に指示されず。

※途中で「そこまでにしてください」と指示があり，板書を消して着
　席し，場面指導へうつる。

【場面指導(A)】

□自分の意見をあまり主張しないAさんが，クラスのBさんにいやなこ
　とをされたため，席替えしてほしいということをAの保護者が来校
　し，担任のあなたに言ってきた。どう対応するか

※面接官はとてもよく反応する。

※時間は特に伝えられなかった。


▼中高社会

【質問内容(A)】

□初めて会った生徒の前でするように自己PRせよ。

□どのような学級経営をしたいか。

□一人一人に寄り添うために具体的にどうするか。

□新潟市を志望した理由は何か。

□中学校教員を志したきっかけを述べよ。

□周囲からはどんな性格だと言われるか。

□大学の時の部活やボランティアで学んだことを述べよ。

□最近気になった教育に関するニュースを述べよ。

□最近読んだ本は何か。

□ストレスの解消法は何か。また，どのような趣味があるか。

□効率よく仕事をするためにはどうするか

□10年後どんな教員になっていたいか。

□地域と共に子どもを育てることについて，大切なことは何か。

□保護者はどのような教員を求めていると思うか。

【模擬授業(A)】

□長崎の出島の絵を見せ，「この絵を見て気づくことや疑問に思うことはありますか」から始めなさい。ねらいは「鎖国下の日本とオランダの関わりが長崎に限定されていたことについて，大名を支配するという幕府の目的があったことを説明できる」といった内容であった。

※面接官は積極的に手を挙げ，欲しい答えをくれる模範的な生徒役をしてくれる。ただ，発問が抽象的だと答えてくれない。

※時間は指定されていないが，課題提示されてから授業を構想し，模擬授業を行うまで全部でぴったり10分を計っていた。

※模擬授業終了後，授業の感想や理想の授業に関する質問があった。

【場面指導(A)】

□授業中にAさんの腕に自傷したとみられる傷(リストカット)があることに気づいた。Aさんは普段から無口で大人しい性格である。Aさんを個人的に呼び出して話を聞くという設定で面接官1人をAさんと仮定して，準備が整ったら場面指導を始めよ。

※模擬授業のすぐ後に，その場で課題を提示されて，少し考えてから自分のタイミングで開始する。


▼中高社会

【質問内容(A)】

□これまでの部活の経験で辛かったこと，そこから学んだ(得られた)ことは何か。

□なぜ中学を志望したのか。

□ストレス解消法は何か。

□教育実習の最初の授業の課題とまとめについて，具体的に述べよ。

□残りの学生生活でしたいことは何か。

・1つの質問を掘り下げて聞いてくるため，具体的に話せるようにしておいた方がよい。

・先に模擬授業と場面指導を行い，部屋を移動して5分くらいで面接のため，すぐ気持ちを切りかえること。【場面指導(A)】

□中3の無口なA子の腕にリストカットの跡があるのを見つけた。A子を呼んで話をする。あなたならどう対応するか。

・粘り強く生徒から事実をひきだす。10分は意外と長いので焦らず，生徒の話をきくスタンスでやるとよい。自分が話しすぎないこと。

【模擬授業(A)】

課題：鎖国下の江戸幕府の貿易

実施形式：本時の内容とめあて，導入で使う資料(絵)と最初の発問が紙に書かれていて，準備ができたら始めてくださいと言われる。構想時間は自由だが，目安は2分くらい。模擬授業は始めて5～6分くらい(導入の途中)で打ち切られる。

▼中高英語

【質問内容(A)】

※エントリーシートや経歴から多数質問があった。

□研究の進捗状況について。

□保護者が学校に求めているものは何だと思うか。

□教科の専門性の高め方について。

□一番，辛かったことは何か。

□異なる相手を理解するために，どのような教育をしているか。

※会場には飛沫防止用の透明な壁があるものの，マスク着用が義務づけられていた。

【場面指導(A)】

□授業中にリストカットがある生徒を見つけ，その子の話を聞くことにした。おとなしい子という設定だが，どのように対応するか。

【模擬授業(A)】

□現在完了を学習済みの生徒に対し，ALTの先生にインタビューをす

る練習を行う。

"I have played soccer for five years. What is your hobby?"と言い始めるところから始める。

※黒板は使用できる。


▼中高英語

【質問内容】

□(自己PRシートに基づき)吹奏楽をやってきたとあるが，部活をやっていて大変だったこと，部活から学んできたことで今に活かされていることは何か。

□(自己PRシートに基づき)「学び続ける教師」とはどのような教師か。また，なぜそうなりたいと思ったのか。

・生徒に学びの機会を与えるためには何ができると思うか。(授業内・授業外)

・卒業論文のテーマは何か。何を研究しているか。

・新潟市の魅力は何か。なぜ県ではなく市にしたのか。

※自己PRカードをもとにした質問が多かった。

【場面指導(A)】

□中学3年生のAさんは無口でおとなしい生徒である。ある日，授業中にあなたが机間巡視をしていたら，Aさんの手首にリストカットの跡があるのを見つけた。放課後Aさんと個別に話をすることになったとき，その場面でAさんにどう話すかを，試験官が演じるAさんの役に対して話せ。

【模擬授業(A)】

□中学3年生の授業で，現在完了形(継続)を習ったあとに，ALTと会話活動を行うための練習という設定である。"My hobby is basketball. I have played it for five years. What's your hobby?"で授業の実演を始める。

※時間は入退室含め10分であった。

# 2020年度　面接実施問題

## 新潟県

◆実技検査(1次試験)

▼中高英語

【課題】

□英語によるオーラルプレゼンテーション

(当日与えられた文章の音読，質疑応答など)

Oral Presentation

> Do you think that e-learning will become increasingly common in the future? It is convenient, cost-effective, and centered on individual students. These three things make it superior to traditional styles of learning. On the other hand, when we learn independently and no longer study in a classroom setting, some things may be lost.

> Do you think that we will depend on robots in the future? Due to growing labor shortages, it will be beneficial to rely on robots. As the supply of workers diminishes, society will need to turn more and more to robots. On the other hand, it will be more efficient to use human beings, who can think for themselves and adapt to new situations.

▼中高家庭　時間60分

【課題】

□次の図のようなめがねケースを，　　　　内の指示により製作しなさい。

（前側）　　　　　　　　　（後ろ側）

【順不同】
○　袋布の前側にボタンをつける。
○　フェルトのふた布にボタン穴をあけ，刺しゅう糸でかがり
　縫いをする。
○　型紙を使って，ふたにする部分を写しとり，切り取る。
○　フェルトのふた布は，周りにブランケットステッチをする。
○　フェルトのふた布は，袋布の後ろ側に1．5cm重ねて，刺し
　ゅう糸でたてまつりをする。
○　袋の底は，2cmの三角マチを付ける。
○　袋の口は，1.5cm幅の三つ折りにし，まつり縫いをする。
○　袋布を中表に合わせ，両脇はなみ縫いをする。

注意1：受検番号が書かれている面が布の表である。
注意2：ボタンには，糸足を付けること。
〔持参品〕裁縫用具一式(裁ちばさみ，糸切りばさみ，指ぬき，チャコ
　ペンシル，へら，まち針，しつけ糸)

▼中学技術　時間80分

【課題】

□指示された材料，道具類を用いて，下図に示した「小物入れ」を製

　作しなさい。ただし，次の5点に留意すること。

〔留意点〕

・すべての板の厚さは12mmとする。

・けがき線は消さないこと。

・部品の木目方向は，完成予想図に示したものに従うこと。

・くぎは16本使用すること。(予備を含めて20本配付する。)

・面取りなど，仕上げの作業は行わないこと。

〔完成予想図〕

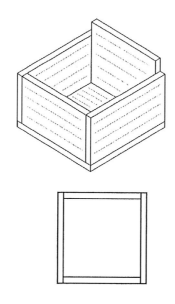

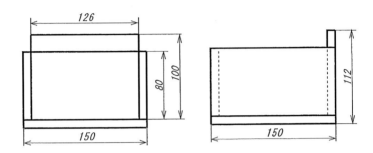

〔持参品〕三角定規一組，コンパス，実技用実習着


▼中学音楽

【課題】

□平成31年度用文部科学省検定済教科書中学校音楽科用に掲載されている「赤とんぼ」「花の街」「夏の思い出」「浜辺の歌」「荒城の月」「花」「早春賦」の中から当日指定する1曲を，ピアノ伴奏をしながら歌唱する。(楽譜は当日指定したものを使用)

□アルトリコーダーによる視奏をする。(曲は当日指定)

〔持参品〕アルトリコーダー


▼中学保体

【課題】

□必修　①ダンス(創作ダンス)
　　　　②柔道又は剣道から1種目選択

□指定　③マット運動　④ハードル走　⑤水泳
　　　　⑥バスケットボール又はバレーボールから1種目選択
　　　　③～⑥の中から当日指定する3種目を実施

計5種目実施

〔持参品〕運動着上下，運動靴(屋内用，屋外用)，水着，武道において「柔道」を選択する者は柔道着，「剣道」を選択する者は竹刀及び防具

・マット(側転→後転倒立→ハンドスプリング)，水泳は自由形(25m)→自由形以外(25m)連続，ダンスはテーマ「ジャングル」15秒で考え30秒試技，柔道は払い技，足技から1つ選択，ハードルは30mハードル走だった。

▼中高美術　時間120分

【課題】下記の条件に従い，画用紙に，水彩画を描きなさい。

〔配付するもの〕

八つ切り画用紙1枚，画鋲4個，カルトン，下絵用画用紙1枚

モチーフとして，「トマト1個」，「ナス1個」，「布1個」，「紙コップ1個」

〔条件〕

(1)　配付されたモチーフを自由に構成して描くこと。

(2)　すべてのモチーフが画用紙に収まるように描くこと。

(3)　画用紙の縦・横は自由とする。

(4)　背景の表現は自由とする。

〔持参品〕鉛筆，消しゴム，水彩用具一式(筆，パレット，透明水彩絵の具，筆洗，雑巾)

※注意

・要項に記載されている検査持参品以外の用具は使わないこと。また，用具の貸し借りはしないこと。

・用具を忘れた場合は申し出ること。

◆個人面接(2次試験)　面接官2人　時間20＋20分

　　○個人面接Ⅰ　学習指導や生徒指導等に関する事項　30点

　　※(面接官を生徒に見立てた)模擬授業，場面指導は実施しない。

　　○個人面接Ⅱ　教員としての資質・能力等に関する事項　50点

　　▼小学校教諭

【質問内容】

Ⅰ

□机間指導では，どのような指導を行うか。

□クラスにいじめが起こったらどうするか。

□規範意識を育てるには。

□授業が分からないという子にはどうするか。

□毎日同じ服，給食をガツガツ食べる子がいる，どうするか。

Ⅱ

□基本情報確認。

□いじめについて。

□気になっているニュース。

□自己PR　30秒

　　→そこから2つ質問

・あまり難しいことはきかれないが，どんどん掘り下げながら質問されるので，自分の考えをしっかりもっていないと答えられない。

・面接官の方はとても深い知識をもっていて優しい。


▼小学校教諭

【質問内容】

Ⅰ

□班学習で1人仲間外れにされている子どもを見つけた時，どう対応するか。

□どんな学級をつくりたいか。

□いじめについてどう思うか。

Ⅱ

□今年落ちても来年も新潟で受験するか。

□なぜ小学校教員を目指すか。

□ピアノの実力はどうか。

□体育でできない子がいた場合，どう指導するか。

▼小学校教諭

【質問内容】

Ⅰ (※具体的な場面であなたならどうするかということを，面接形式で質問された。)

□話を聞けない子どもが多くいる時，どうするか。

□運動に苦手意識をもつ子どもにどう対応するか。

□言語活動でどのような活動をしていきたいか。

Ⅱ

□特別支援学校への配属について。

□今まで辛かった経験と乗り越えたこと。

□地域の良いところ。

□理想の教師像について。

□目上の人への対応について。

・今年から2次試験は，面接Ⅰ・面接Ⅱとなり，模擬授業や面接官を児童に見立てた場面指導，実技が廃止された。


▼小学校教諭

【質問内容】

□音楽が苦手な子への指導

　→それが上手くいかない時はどうするか。

　→それに返答したことに対してまた，2回くらい聞かれた。

□服が汚れている子どもへの対応。


▼中学理科

【質問内容】

Ⅰ

□昨年度から不登校の児童生徒があなたの学級にいる。どう対応するか。

□理科の課題が難しく，多くの生徒が理解できていないとき，どうするか。

□授業中，話を聞いていない生徒にはどう対応するか。

□学級開きに何を指導するか。

□「理科の知識を必要とする仕事に就かないので，理科はやりたくありません」という生徒にどう対応するか。

□豊かな心で，何か大事だと思った経験は？

Ⅱ

□いつから，なぜ中学校という校種で教員を目指したのか。

□ボランティアをして学んだことは何か。

□部活動で大変だったこと，どうやってそれを乗り越えたか。

□部活動で得たことを今後生かしていくか。


▼特別支援

【質問内容】

Ⅰ

□重度の障害のある子に対しどんな授業をするか。

□発達障害のある子が教室をとび出して行った。どのような対応をするか。

□知的障害のある子の就労が決まった。どのような支援をしていくか(親も知的障害がある)。

□子に関心を持てない親に対してどのようにして関心を持ってもらうか。

　→答えた事に対し，他にはありますかと追加質問された。

Ⅱ　(※面接Ⅰの場面指導に関する質問の後，別室での個人面接)

□勤務地はどこでも大丈夫か。

□ストレスの解消法は。

□経歴について。

□仕事で失敗をしたらどうするか。

□なぜ教員を志望したのか。

新潟市

◆適性検査

◆実技検査(1次試験)
　▼中高英語
　【課題】
　□英語によるオーラルプレゼンテーション(得点は筆記試験Ⅱに含む)
　(当日与えられた文章の音読，質疑応答など)

　▼中高家庭
　新潟県と同様

　▼中高技術
　新潟県と同様

　▼中高音楽
　新潟県と同様

　▼中高保体
　【課題】
　□必修　①マット運動　②ハードル走　③ダンス(創作ダンス)　の3種
　　目を必修とし，④バスケットボール，バレーボールから1種目を選
　　択し，⑤柔道，剣道から1種目を選択し，計5種目実施する。
　〔持参品〕運動着上下，運動靴（屋内用），武道において柔道を選択す
　　る者は柔道着，剣道を選択する者は竹刀及び防具。

　▼中高美術
　新潟県と同様

◆個人面接A(2次試験)　模擬授業・場面指導含む　時間20〜30分　80点
　※第2次検査の個人面接Aでは，模擬授業を実施。なお，内容について
　　は，学習指導要領(平成29年告示)による。
　▼小学校教諭
　【模擬授業の課題】
　□第2学年　算数　数と計算
　□第5学年　算数　図形　　　　　　　 のいずれか
　□第5学年　算数　変化と関係

〈模擬授業〉

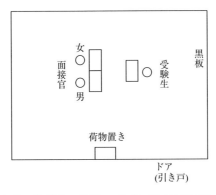

・流れ…3人ずつ待機室(5分弱)→入室(ドアは窓があり面接官と目が合
　う)→荷物を置き，椅子の後ろで番号，氏名を言い着席→机の2枚の
　紙をめくる(1枚は題材の表，もう1枚は指示文と目当て，ねらい，
　最初に言う発問)→面接官の説明の後，構想→授業開始(机は黒板か
　らそこまで近くなく，普通の学習机なので，紙を見ながらは難し
　い)→割合導入の単元。T：(表を示して)誰が一番成功しているか
　なー？　C：○○さん！　T：なるほど。じゃあ残り2人はどっちが入
　っているかなー？　といった具合→授業が終わると着席をうながさ

れ，すぐに場面指導へ。

・説明(面接官)，構想，授業を合わせて10分。説明は，受験生の机に置かれた紙をめくってから始まる。構想は時間指定なしだが，授業を圧迫しないようにすべき。

・チョーク3色ほどと磁石があった。机の紙2枚のうち一方に題材となる表がかかれていたので，貼って使った。面接官はすべて反応し，模範的な回答をする。発問しなくても話してくる。目当てを読むといったことは省略するよう指示される。

〈場面指導〉

・模擬授業後間もなく実施→机に指示文が置かれ，場面や対象を確認→構想(時間指定なし)→実践　T：最近，授業中に眠そうだったり，遅刻が多かったりするけれど，どうしたの？　C：ゲームが楽しくて寝るのが遅くて…など。　粘っていると，途中でやめてくださいと指示が出て終了→部屋を出て，次の待機室へ。

・面接官(男性)と1対1でやりとりをする。面接官は児童役ですべての質問に応答してくれた。時間になるまで，ひたすら続ける感じ。

・一対一なので視線と表情が大切かと思う。多少は反発しても大きくはない。話をしっかり聞いてあげて，明確な理由のもと改善案を一緒に考えていくと話がまとまってくる。笑顔多め，うなずきながらやってくださった。


▼小学校教諭

〈模擬授業〉

□小2算数「ひき算の筆算」

・本時からくり下がりがある。

・「これまでと異なる点はどこでしょう」という発問からスタート。

・黒板は必要があれば使用可。

〈場面指導〉

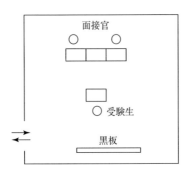

□小4の担任としてA君を指導
・A君は，活発である反面，ルールを忘れがち。
・清掃班の班長から「A君がほうきを振り回している」と聞いた上で
　指導する。
・面接官反応あり。


▼小学校教諭
〈模擬授業〉
□くり下りのあるひき算。前時にくり下がりのない2桁のひき算を学
　習した。「46−27の前の時間と違うところはどこでしょう」と発問
　するところから始めてください。
・試験官は児童役として反応する。
・やめと言われるまで。
〈場面指導〉
□4年生の児童が掃除中にほうきを振り回している。6年生の班長が注
　意をしてもやめないという相談を受けた。担任であるあなたが実際
　に見に行くとほうきを振り回していた。Aに話を聞くところから始
　めてください。

▼中高国語
【模擬授業の課題】
□中学校　読むこと


▼中高数学
【模擬授業の課題】
□中学校第2学年　データの活用 ⎫
□中学校第3学年　関数　　　　 ⎭ のいずれか


▼中高社会
【模擬授業の課題】
□中学校　地理的分野(日本の様々な地域) ⎫
□中学校　歴史的分野(近世までの日本とアジア) ⎭ のいずれか


▼中高理科
【模擬授業の課題】
□中学校　第1分野(運動とエネルギー)


▼中高英語
【模擬授業の課題】
□中学校　話すこと(やり取り)


▼中高家庭
【模擬授業の課題】
□中学校　家族・家庭生活


▼中高技術
【模擬授業の課題】
□中学校　エネルギー変換の技術

▼中高音楽
【模擬授業の課題】
□中学校　表現(歌唱)


▼中高保健体育
【模擬授業の課題】
□中学校　保健分野(心身の機能の発達と心の健康)　｝のいずれか
□中学校　保健分野(健康と環境)


▼中高美術
【模擬授業の課題】
□中学校　表現


▼養護教諭
【模擬授業の課題】
□小学校第3・4学年　保健(体の発育・発達)
□小学校第5・6学年　保健(心の健康)　｝のいずれか
□小学校第5・6学年　保健(けがの防止)


▼特支学校教諭
【模擬授業の課題】
□知的障がい特別支援学校　小学部　生活単元学習
□知的障がい特別支援学校　中学部　総合的な学習の時間　｝のいずれか


▼栄養教諭
【模擬授業の課題】
□小学校第5・6学年　家庭(衣食住の生活)

◆個人面接B(2次試験)　80点　面接官2人　20分

▼小学校教諭

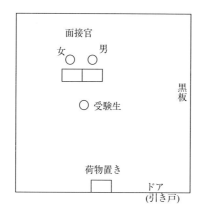

【質問内容】

□自己PR(時間指定の指示なし)。

□何かこれまでスポーツはしてきたか。

　→教員に活かせることは？

□中・高でがんばったことと成果は。

　→教員に活かせることは？

□楽器は何かできるか。

□志望動機に書いてある「読書」について説明。

　→国語が得意？　苦手な科目は？

□10年後どんな教員になっていたいか。

□子どもと接するときに気をつけることは。

・和やかな雰囲気だった。女性の方が「私もバスケやっていました」とあいづちを打ってくれた。20分だが，話の大きな転換は2〜3回かなと思う。ほとんど追質問という印象。初めに志望動機を聞かれなかったことに驚いたが，やはりどう聞かれてもいいような準備が大事。面接表はしっかり作りこんで，質問をひきだすようにすること

と，内容を覚えておくことが大切。

・模擬授業，場面指導終了後(待機室で5分弱)すぐに実施→入室，荷物を置き，椅子の後ろで番号，氏名(模擬授業と同様)→20分行った後退室，一方通行になっているのでそのまま玄関へ。

▼小学校教諭

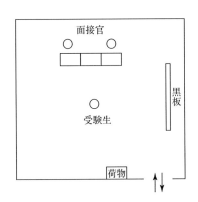

【質問内容】

□自己PR(1分程)。

□最近関心ある話題。

□「どうして勉強しなきゃいけないの？」「なぜ法を犯してはいけないの？」と聞かれたら。

□教育実習で注意した点。

□1人で本を読む子に対して。

□面接A(場面指導，模擬授業)を振り返って。

□経歴を見ながら，大学での研究や所有免許について，資格についても聞かれた。

□研究の成果。

□ボランティア経験。

□教師を志望した時期と理由。

・教職大学院特別選考のため，1次試験免除。

▼小学校教諭
【質問内容】
面接官A(民間面接官)
□見た目に反していろいろ経験されているようで自分の思いを含めて，経歴を語ってほしい。
□熱意が聞きたい。
□大きな失敗とそれをどのように解決したか。
□校務分掌について。
面接官B
□国語算数の課題。
□情報教育で何を頑張ってきたか，今後どうしていきたいか。
□現在勤めている○○小学校の教育目標は。
□学級目標。
□どうしてまだ(学級目標が)決まっていないのか。
□今後，どのように学級目標を子どもたちに考えさせていくのか。
□昨年の反省を今年に活かしていることはあるか。
・特別選考(前年度受検成績優良者枠)1次試験免除，2次試験(個人面接A，B)のみ。

# 2019年度　面接実施問題

## 新潟県

◆実技試験(1・2次試験)

▼小学校全科

【運動課題1】

□ボール投げ

　練習を1回行った後，15m先に向かって3回連続で投球する。

【運動課題2】

□マット運動

　側転→倒立前転→伸膝後転

※練習1回あり

【運動課題3】

□水泳

　25m(クロール・平泳ぎから1種目選択)

※練習1回あり

【音楽課題1】

□歌唱

　小学校学習指導要領に示された第4・5・6学年の歌唱の共通教材の中から当日指定する1曲を，CD伴奏に合わせて歌唱する。歌詞つきの楽譜は，検査員が用意する。

【音楽課題2】

□ピアノ伴奏

　小学校学習指導要領に示された第4・5・6学年の歌唱の共通教材の中から1曲を選び，ピアノ伴奏をする。伴奏譜を2部用意し，当日1部を検査員に提出する。

▼中高英語
【課題】
□英語によるオーラルプレゼンテーション
　当日与えられた文章の音読，質疑応答など

▼中高家庭
【課題】
□当日，課題を提示

▼中学音楽
【課題1】
□平成30年度用文部科学省検定済教科書中学校音楽科用に掲載されて
　いる「赤とんぼ」「花の街」「夏の思い出」「浜辺の歌」「荒城の月」
　「花」「早春賦」の中から当日指定する1曲を，ピアノ伴奏をしなが
　ら歌唱する。(楽譜は当日指定したものを使用)
【課題2】
□アルトリコーダーによる視奏をする(曲は当日指定)。

▼中高保体
【必修課題1】
□ダンス(創作ダンス)
【必修課題2】
□柔道又は剣道から1種目選択
【指定課題】
□次の種目の中から当日指定する3種目を実施
①　マット運動
②　ハードル走
③　水泳
④　バスケットボール又はバレーボールから1種目選択

▼中学美術

【課題】

□当日，課題を提示


▼中学技術

【課題】

□当日，課題を提示


▼特支教諭

【運動課題1】

□ボール投げ

【運動課題2】

□マット運動

【運動課題3】

□水泳

　　25m(クロール・平泳ぎから1種目選択)

【音楽課題】

□歌唱

　　小学校学習指導要領に示された第4・5・6学年の歌唱の共通教材の中から当日指定する1曲を，CD伴奏に合わせて歌唱する。歌詞つきの楽譜は，検査員が用意する。


◆模擬授業(2次試験)　面接官2人　受験者1人　10分

　※課題は，第1次検査実施後，7月下旬に義務教育課及び高等学校教育課のホームページに掲載する。


▼小学校全科

【課題】

□3年生の国語「話すこと・聞くこと」の学習です。

「むかしのあそびと今のあそび」単元の導入の1時間目です。1か月後の祖父母参観日で，来校した祖父母に調べたことを発表するために，その準備として今日の授業を行います。

　本時は，関心のあることなどから話題を決め，進んで必要な事柄について調べようとすることを目指した授業を行います。

　面接官が児童役をしますので，10分程度で授業を行ってください。必要があれば，黒板を用いても構いません。構想がまとまったら，始めてください。

□4年生の国語「話すこと・聞くこと」の学習です。

　「地域のお祭りについて調べて分かったことを発表しよう」単元の導入の1時間目です。1か月後の学習参観日に来校したおうちの方に調べたことを発表するために，その準備として今日の授業を行います。

　本時は，関心のあることなどから話題を決め，進んで必要な事柄について調べようとすることを目指した授業を行います。

　面接官が児童役をしますので，10分程度で授業を行ってください。必要があれば，黒板を用いても構いません。構想がまとまったら，始めてください。

□6年生の国語「書くこと」の学習です。

　「私たちの学校パンフレットを作ろう」単元の導入の1時間目です。来校者に学校のよさや特色を知ってもらうために学校パンフレットを作成します。

　本時は，進んで意図に応じて情報収集をしようとすることを目指した授業を行います。

　面接官が児童役をしますので，10分程度で授業を行ってください。必要があれば，黒板を用いても構いません。構想がまとまったら，始めてください。

□2年生の算数「長さ」の学習です。

　前時は，「1m＝100cm」の学習を行いました。本時は，下の課題で，長さの表し方を考えさせます。あなたは，どのように授業を行いますか。

　みかさんの両手を広げた長さは，30cmのものさしで3回と，あと25cmありました。両手を広げた長さはどれだけでしょうか。

　面接官が児童役をしますので，10分程度で授業を行ってください。必要があれば，黒板を用いても構いません。構想がまとまったら，始めてください。

□2年生の算数「長さ」の学習です。

　本時は，下の課題で，長さの計算の仕方を考え，単位を的確に表現できるようにします。あなたは，どのように授業を行いますか。

　テープを2つに切ったら，3m40cmと2mになりました。

　もとのテープの長さを求めましょう。

　面接官が児童役をしますので，10分程度で授業を行ってください。必要があれば，黒板を用いても構いません。構想がまとまったら，始めてください。

□4年生の算数「小数」の学習です。

　本時は，下の課題で，児童に計算の仕方を考えさせます。あなたは，どのように授業を行いますか。

　先生のリュックサックの重さは7.69kgです。ひろきさんのリュックサックの重さは4.6kgです。重さのちがいは何kgですか。

　面接官が児童役をしますので，10分程度で授業を行ってください。必要があれば，黒板を用いても構いません。構想がまとまったら，始めてください。

▼中学国語

【課題】

□1年生で，次のテーマで討論の授業を行います。討論の話題や方向をとらえて的確に話したり相手の発言を注意して聞いたりして，自分の考えをまとめることを目指した授業を行います。

　面接官が生徒役をしますので，10分程度で授業を行ってください。必要があれば，黒板を用いても構いません。構想がまとまったら始めてください。

〈討論のテーマ〉

　学校の昼食は，給食がよいか。弁当がよいか。

□1年生で，次のテーマで討論の授業を行います。討論の話題や方向をとらえて的確に話したり相手の発言を注意して聞いたりして，自分の考えをまとめることを目指した授業を行います。

　面接官が生徒役をしますので，10分程度で授業を行ってください。必要があれば，黒板を用いても構いません。構想がまとまったら始めてください。

〈討論のテーマ〉

　校則は今のままでよいか。見直した方がよいか。

□1年生で，次のテーマで討論の授業を行います。討論の話題や方向をとらえて的確に話したり相手の発言を注意して聞いたりして，自分の考えをまとめることを目指した授業を行います。

　面接官が生徒役をしますので，10分程度で授業を行ってください。必要があれば，黒板を用いても構いません。構想がまとまったら始めてください。

〈討論のテーマ〉

　携帯電話を学校に持ってくることに賛成か，反対か。

□2年生で，次の教材を使った古典の授業を行います。作品の特徴を

生かした朗読を行うなど，古典の世界を楽しむことを目指した授業を行います。

　面接官が生徒役をしますので，10分程度で授業を行ってください。必要があれば，黒板を用いても構いません。構想がまとまったら始めてください。

> 　　平家物語
> 祇園精舎の鐘の声，諸行無常の響きあり。
> 娑羅双樹の花の色，盛者必衰のことわりをあらはす。
> おごれる人も久しからず，ただ春の夜の夢のごとし。
> たけき者もつひには滅びぬ，ひとへに風の前の塵に同じ。

□2年生で，次の教材を使った古典の授業を行います。作品の特徴を生かした朗読を行うなど，古典の世界を楽しむことを目指した授業を行います。

　面接官が生徒役をしますので，10分程度で授業を行ってください。必要があれば，黒板を用いても構いません。構想がまとまったら始めてください。

> 　　徒然草
> 　つれづれなるままに，日暮らし硯に向かひて，心にうつりゆくよしなしごとを，そこはかとなく書きつくれば，あやしうこそものぐるほしけれ。

□2年生で，次の教材を使って授業を行います。作品の内容や表現の仕方について感想を交流することを目指した授業を行います。

　面接官が生徒役をしますので，10分程度で授業を行ってください。必要があれば，黒板を用いても構いません。構想がまとまったら始めてください。

　　　　名づけられた葉　　　　　新川和江
ポプラの木には　ポプラの葉
何千何万芽をふいて
緑の小さな手をひろげ
いっしんにひらひらさせても
ひとつひとつのてのひらに
載せられる名はみな同じ　〈ポプラの葉〉

わたしも
いちまいの葉にすぎないけれど
あつい血の樹液をもつ
にんげんの歴史の幹から分かれた小枝に
不安げにしがみついた
おさない葉っぱにすぎないけれど
わたしは呼ばれる
わたしだけの名で　朝に夕に

だからわたし　考えなければならない
誰のまねでもない
葉脈の走らせ方を　刻みのいれ方を
せいいっぱい緑をかがやかせて
うつくしく散る法を
名づけられた葉なのだから　考えなければならない
どんなに風がつよくとも

▼中学数学
【課題】
□3年生の「式の計算」についての学習です。
　60を素因数分解することを例にして，「因数」，「素因数」，「素因数

分解すること」を理解させることを目指した授業を行います。なお，生徒は素数についての学習は済んでいるものとします。

　面接官が生徒役をしますので，10分程度で授業を行ってください。必要があれば，黒板やコンパス・定規を用いても構いません。構想がまとまったら始めてください。


□1年生の「正の数・負の数の乗法」についての学習です。

　いくつかの数の積について，「符号はかけ合わせる負の数の個数によって決まること」，「絶対値は，かけ合わせる数のそれぞれの絶対値の積となること」を理解させることを目指した授業を行います。

　面接官が生徒役をしますので，10分程度で授業を行ってください。必要があれば，黒板やコンパス・定規を用いても構いません。構想がまとまったら始めてください。


□2年生の「式の計算」についての学習です。

　2桁の自然数をAとし，その十の位の数と一の位の数を入れかえてできる自然数をBとします。AとBの和の性質を見つけ，そのことを文字式を使って説明することを目指した授業を行います。

　面接官が生徒役をしますので，10分程度で授業を行ってください。必要があれば，黒板やコンパス・定規を用いても構いません。構想がまとまったら始めてください。


□1年生の「平面図形」についての学習です。

　前時に「線分の垂直二等分線」の作図の学習を終えました。本時は直線外の一点から直線へ垂線を引く作図の仕方を理解させることを目指した授業を行います。

　面接官が生徒役をしますので，10分程度で授業を行ってください。必要があれば，黒板やコンパス・定規を用いても構いません。構想がまとまったら始めてください。

□2年生の「式の計算」についての学習です。

三角形の面積(S)は，底辺(a)×高さ(h)×$\frac{1}{2}$で求めることができます。

この関係を用いて，等式の変形を理解させることを目指した授業を行います。

面接官が生徒役をしますので，10分程度で授業を行ってください。必要があれば，黒板やコンパス・定規を用いても構いません。構想がまとまったら始めてください。

▼中学社会

【課題】

□地理的分野の学習「日本の諸地域」において，北海道地方を取り上げて，自然環境を生かした特色ある産業が発達したり人のくらしが営まれたりしていることを理解させる授業を行います。

面接官が生徒役をしますので，10分程度で授業を行ってください。必要があれば，黒板を用いても構いません。構想がまとまったら始めてください。

□地理的分野の学習「世界の諸地域」において，北アメリカ州を取り上げ，「世界の食料庫」とよばれるアメリカ合衆国の農業生産の特色を理解させるための授業を行います。

面接官が生徒役をしますので，10分程度で授業を行ってください。必要があれば，黒板を用いても構いません。構想がまとまったら始めてください。

□歴史的分野の学習「中世の日本」において，室町時代の日本と東アジアとの交流について理解させるための授業を行います。

面接官が生徒役をしますので，10分程度で授業を行ってください。必要があれば，黒板を用いても構いません。構想がまとまったら始めてください。

□歴史的分野の学習「中世の日本」において，公家と武家の文化が融合し，今日の文化につながる，室町文化の特色を理解させるための授業を行います。

　面接官が生徒役をしますので，10分程度で授業を行ってください。必要があれば，黒板を用いても構いません。構想がまとまったら始めてください。

□公民的分野の学習「私たちのくらしと経済」において，為替相場の変動とくらしへの影響について理解させるための授業を行います。

　面接官が生徒役をしますので，10分程度で授業を行ってください。必要があれば，黒板を用いても構いません。構想がまとまったら始めてください。

▼中学理科
【課題】
□2年生の「電流と磁界」の学習です。単元「電磁誘導と発電」において，磁石とコイルを用いた実験を行い，コイルや磁石を動かすことによって，電流が得られることを見いださせます。

　面接官が生徒役をしますので，10分程度で授業を行ってください。必要があれば，黒板を用いても構いません。構想がまとまったら始めてください。

□3年生の「力学的エネルギー」の学習です。単元「仕事とエネルギー」において，位置エネルギーの大きさを調べる実験を行い，高さが高いところにある物体及び質量の大きな物体ほど，大きなエネルギーをもっていることを見いださせます。

　面接官が生徒役をしますので，10分程度で授業を行ってください。必要があれば，黒板を用いても構いません。構想がまとまったら始めてください。

□1年生の「植物の体のつくりと働き」の学習です。単元「葉・茎・根のつくりと働き」において，植物の茎のつくりについて実験及び観察を行い，茎には，導管という根から吸収した水を通すつくりがあることを見いださせます。

　面接官が生徒役をしますので，10分程度で授業を行ってください。必要があれば，黒板を用いても構いません。構想がまとまったら始めてください。

□1年生の「地層の重なりと過去の様子」の学習です。単元「地層の重なりと過去の様子」において，堆積岩のつくりと特徴を調べる実験及び観察を行い，岩石をつくる堆積物の種類から，その岩石が堆積した場所や環境等を推定できることを見いださせます。

　面接官が生徒役をしますので，10分程度で授業を行ってください。必要があれば，黒板を用いても構いません。構想がまとまったら始めてください。

▼中学英語
【課題】
□この単元では過去形を学習します。単元の学習到達目標は「過去の出来事について，話したり書いたりして，聞き手や読み手に正しく伝えたり，その内容について問答したりできる」です。"I visited Kyoto with my family during summer vacation." などの文構造を理解したり練習したりするための指導はすでに終わっており，本時では実際に英語を使用して言語活動を行うこととします。

　面接官が生徒役をしますので，10分程度で授業を行ってください。なお，授業はすべて英語で行ってください。必要があれば，黒板を用いても構いません。構想がまとまったら，始めてください。

□この単元では疑問詞を学習します。単元の学習到達目標は「自分や相手の身近なことについて質問したり，答えたりすることができる」

です。what, when, where, who, which, howなどの疑問詞の意味や文構造を理解したり練習したりするための指導はすでに終わっており，本時では実際に英語を使用して言語活動を行うこととします。

　面接官が生徒役をしますので，10分程度で授業を行ってください。なお，授業はすべて英語で行ってください。必要があれば，黒板を用いても構いません。構想がまとまったら，始めてください。

□この単元では関係代名詞を学習します。

　単元の学習到達目標は「人やものを相手に詳しく説明することができる」です。"This is a book which has a lot of beautiful pictures."などの文構造を理解したり練習したりするための指導はすでに終わっており，本時では実際に英語を使用して言語活動を行うこととします。

　面接官が生徒役をしますので，10分程度で授業を行ってください。なお，授業はすべて英語で行ってください。必要があれば，黒板を用いても構いません。構想がまとまったら，始めてください。

□この単元では現在完了形を学習します。単元の学習到達目標は「自分が経験したことを相手に伝えたり，相手が経験したことなどを尋ねたりすることができる」です。"I have been to New York three times."などの文構造を理解したり練習したりするための指導はすでに終わっており，本時では実際に英語を使用して言語活動を行うこととします。

　面接官が生徒役をしますので，10分程度で授業を行ってください。なお，授業はすべて英語で行ってください。必要があれば，黒板を用いても構いません。構想がまとまったら，始めてください。

□この単元ではto不定詞を学習します。単元の学習到達目標は「自分や相手の行きたい場所ややってみたいことなどについて，伝えたり尋ねたりすることができる」です。"I want to go to Canada to enjoy salmon fishing."などの文構造を理解したり練習したりするための指導はすでに終わっており，本時では実際に英語を使用して言語活動を行うこと

とします。

　面接官が生徒役をしますので，10分程度で授業を行ってください。なお，授業はすべて英語で行ってください。必要があれば，黒板を用いても構いません。構想がまとまったら，始めてください。

□この単元では未来表現を学習します。単元の学習到達目標は「自分の週末の予定を聞き手に発表することができる」です。"I am going to clean my room because it's so messy." などの文構造を理解したり練習したりするための指導はすでに終わっており，本時では実際に英語を使用して言語活動を行うこととします。

　面接官が生徒役をしますので，10分程度で授業を行ってください。なお，授業はすべて英語で行ってください。必要があれば，黒板を用いても構いません。構想がまとまったら，始めてください。

▼中学家庭
【課題】
□「幼児の生活と家族」の学習です。

　次の時間に幼稚園へ行って幼児とのふれ合い実習をするための事前指導を行います。初めて実習に行く中学生です。相手は年長児(5歳児)とします。

　面接官が生徒役をしますので，10分程度で授業を行ってください。必要があれば，黒板を用いても構いません。構想がまとまったら始めてください。

▼中学技術
【課題】
□2年生への「エネルギー変換の技術」の授業です。

　生活や社会を支えるエネルギー変換の技術について調べる活動などをとおして，エネルギーの変換や伝達等に関わる基礎的な技術の仕組みを，身近な電気機器を取り上げながら理解を深めさせます。

　面接官が生徒役をしますので，10分程度で授業を行ってください。必要があれば，黒板を用いても構いません。構想がまとまったら始めてください。

▼中学音楽
【課題】
□3年生の「言葉の特性を生かして，表現を工夫しよう」という題材の2時間目の授業を行います。歌唱教材は「花」とし，3番の歌い方の工夫を中心に，指導を行うこととします。前時で，譜読みを行い，生徒は歌えるようになっています。

　本時は，言葉の特性に着目させ，生徒の「このように歌いたい」という思いや意図を引き出しながら，表現を工夫させる授業を行います。

　面接官が生徒役をしますので，10分程度で授業を行ってください。必要があれば，黒板を用いても構いません。構想がまとまったら始めてください。

□2年生の「歌詩や曲の雰囲気に合った声で，言葉を大切にして歌おう」という題材の第2時間目で，歌唱教材「荒城の月」を歌います。前時で，譜読みを行い，生徒は歌えるようになっています。

　本時は，生徒の「このように歌いたい」という思いや意図を引き出しながら，旋律の動きと強弱の関係，速さの違いから生まれる表情の変化など，生徒が表情豊かに歌うことができるように授業を行います。

　面接官が生徒役をしますので，10分程度で授業を行ってください。必要があれば，黒板を用いても構いません。構想がまとまったら始めてください。

▼中学保体
【課題】
□保健「身体機能の発達」の学習です。このとき，「器官が発育し機能が発達する時期」について，中学生の時期の発育・発達にはどのよ

うな特徴があるかを理解させるために，あなたはどのように指導しますか。

　面接官が生徒役をしますので，10分程度で授業を行ってください。必要があれば，黒板を用いても構いません。構想がまとまったら始めてください。

□保健「身体機能の発達」の学習です。このとき，呼吸器官や循環器官の機能をよりよく発達させるためにはどうすればよいかを理解させるため，あなたはどのように指導しますか。

　面接官が生徒役をしますので，10分程度で授業を行ってください。必要があれば，黒板を用いても構いません。構想がまとまったら始めてください。

□保健「身体の環境に対する適応能力・至適範囲」の学習です。このとき，快適で能率のよい生活に適した気温や明るさについて理解させるため，あなたはどのように指導しますか。

　面接官が生徒役をしますので，10分程度で授業を行ってください。必要があれば，黒板を用いても構いません。構想がまとまったら始めてください。

□保健「保健・医療機関や医薬品の有効利用」の学習です。このとき，健康に生きるための，保健・医療機関の利用の仕方について理解させるため，あなたはどのように指導しますか。

　面接官が生徒役をしますので，10分程度で授業を行ってください。必要があれば，黒板を用いても構いません。構想がまとまったら始めてください。

□体育理論「運動やスポーツが心身の発達に与える効果と安全」の学習です。このとき，運動やスポーツを行うことによる身体の変化について理解させるため，あなたはどのように指導しますか。

面接官が生徒役をしますので，10分程度で授業を行ってください。必要があれば，黒板を用いても構いません。構想がまとまったら始めてください。

□体育理論「運動やスポーツが心身の発達に与える効果と安全」の学習です。このとき，運動やスポーツを行うことによる，心や社会性の発達について理解させるため，あなたはどのように指導しますか。
　面接官が生徒役をしますので，10分程度で授業を行ってください。必要があれば，黒板を用いても構いません。構想がまとまったら始めてください。

▼中学美術
【課題】
□中学校2年の題材「商品のパッケージデザイン」の学習です。
　生徒は，総合的な学習の時間に，地域での職場体験学習を終えています。
　本時は，地域の活性化のために商品のパッケージデザインを考える導入の時間です。
　面接官が生徒役をしますので，10分程度で授業を行ってください。必要があれば，黒板を用いても構いません。構想がまとまったら始めてください。

▼高校国語
【課題】
□「国語総会」の授業で，詩を読み味わうことを目標に，次の詩を学習することにしました。
　このとき，あなたなら，どのように指導しますか。私たちを生徒だと思って，授業を行ってください。
　なお，10分程度時間が経過したところで，授業の途中でも止めますので，あらかじめ承知しておいて下さい。

　　　二十億光年の孤独　　谷川俊太郎
人類は小さな球の上で
眠り起きそして働き
ときどき火星に仲間を欲しがったりする

火星人は小さな球の上で
何をしてるか　僕は知らない
　(或はネリリし　キルルし　ハララしているか)
しかしときどき地球に仲間を欲しがったりする
それはまったくたしかなことだ

万有引力とは
ひき合う孤独の力である

宇宙はひずんでいる
それ故みんなはもとめ合う

宇宙はどんどん膨んでゆく
それ故みんなは不安である

二十億光年の孤独に
僕は思わずくしゃみをした

□「国語総合」の授業で，詩を読み味わうことを目標に，次の詩を学習することにしました。
　このとき，あなたなら，どのように指導しますか。私たちを生徒だと思って，授業を行ってください。
　なお，10分程度時間が経過したところで，授業の途中でも止めますので，あらかじめ承知しておいて下さい。

　　　　自分の感受性くらい　　　茨木のり子
ぱさぱさに乾いてゆく心を
ひとのせいにはするな
みずから水やりを怠っておいて

気難しくなってきたのを
友人のせいにはするな
しなやかさを失ったのはどちらなのか

<ruby>苛<rt>いら</rt></ruby><ruby>立<rt>だ</rt></ruby>つのを
近親のせいにはするな
なにもかも下手だったのはわたくし

初心消えかかるのを
<ruby>暮<rt>くら</rt></ruby>しのせいにはするな
そもそもが　ひよわな志にすぎなかった

駄目なことの一切を
時代のせいにはするな
わずかに光る尊厳の放棄

自分の感受性くらい
自分で守れ
ばかものよ

▼高校数学

【課題】

□「数学A」の「確率」の授業で，「条件付き確率」について，次の例題を用いて学習することにしました。

例題

　白玉3個と赤玉2個が入っている袋から，玉を1個ずつ2回取り出す。2回目に白玉を取り出したとき，1回目も白玉であった確率を求めなさい。ただし，取り出した玉は元に戻さないものとする。

　このとき，あなたならどのように指導しますか。私たちを生徒だと思って，授業を行ってください。

　なお，10分程度時間が経過したところで，授業の途中でも止めますので，あらかじめ承知しておいてください。

□「数学B」の「平面上のベクトル」の授業で，「ベクトルの内積の性質」について，次の例題を用いて学習することにしました。

例題

　$\vec{a}$，$\vec{b}$について，$|\vec{a}|=5$，$|\vec{b}|=1$，$|\vec{a}-3\vec{b}|=7$であるとき，$\vec{a}$，$\vec{b}$のなす角$\theta$を求めなさい。

　このとき，あなたならどのように指導しますか。私たちを生徒だと思って，授業を行ってください。

　なお，10分程度時間が経過したところで，授業の途中でも止めますので，あらかじめ承知しておいてください。


▼高校地歴(世史)

【課題】

□「世界史B」の授業で，「元の東アジア支配」について学習することにしました。

　このとき，あなたならどのように指導しますか。私たちを生徒だと思って，授業を行ってください。

　なお，10分程度時間が経過したところで，授業の途中でも止めますので，あらかじめ承知しておいてください。

▼高校地歴(日史)

【課題】

□「日本史Ｂ」の授業で，「旧幕府が欧米諸国と結んだ不平等条約の改正」について学習することにしました。

　このとき，あなたならどのように指導しますか。私たちを生徒だと思って，授業を行ってください。

　なお，10分程度時間が経過したところで，授業の途中でも止めますので，あらかじめ承知しておいてください。


▼高校公民(倫理)

【課題】

□「倫理」の授業で，「イドラと帰納法」について学習することにしました。

　このとき，あなたならどのように指導しますか。私たちを生徒だと思って，授業を行ってください。

　なお，10分程度時間が経過したところで，授業の途中でも止めますので，あらかじめ承知しておいてください。


▼高校公民(政経)

【課題】

□「政治・経済」の授業で，市場機構が機能しない「市場の失敗」について学習することにしました。

　このとき，あなたならどのように指導しますか。私たちを生徒だと思って，授業を行ってください。

　なお，10分程度時間が経過したところで，授業の途中でも止めますので，あらかじめ承知しておいてください。


▼高校物理

【課題】

□「物理」の「様々な運動」の授業で、「慣性力」について学習することにしました。

このとき、あなたならどのように指導しますか。私たちを生徒だと思って、授業を行ってください。

なお、10分程度時間が経過したところで、授業の途中でも止めますので、あらかじめ承知しておいてください。

▼高校英語

【課題】

□「コミュニケーション英語Ⅰ」の授業で、次の英文を用いて、言語活動を行うことにします。この授業では、内容についてペアやグループで話し合うことをねらいとしています。

このとき、あなたならどのように指導しますか。私たちを生徒だと思って、英語で授業を行ってください。

なお、10分程度時間が経過したところで、授業の途中でも止めますので、あらかじめ承知しておいてください。

An allowance is some money your parents give you each week. Some parents don't believe in allowances, and they may be right too. They say that allowances can be bad because they teach children that money is easy to get. These parents believe that children need to learn to work for their money. They want their children to make money by working at a part-time job when they are old enough.

□「コミュニケーション英語Ⅰ」の授業で、次の英文を用いて、言語活動を行うことにします。この授業では、内容についてペアやグループで話し合うことをねらいとしています。

このとき、あなたならどのように指導しますか。私たちを生徒だと思って、英語で授業を行ってください。

なお、10分程度時間が経過したところで、授業の途中でも止めますので、あらかじめ承知しておいてください。

People exercise in different ways. Some lift weights or join a dance class. Others ride bicycles or play a team sport. However, one of the best ways to exercise is also the simplest: walking. Studies show that walking helps to lose weight, makes the heart stronger, and makes you less likely to become ill. It is also easy to do since most of us already do it every day.

▼高校家庭
【課題】
□「家庭総合」の,「高齢者の生活と福祉」の授業で,「高齢者の生活課題」について学習することにしました。

　このとき,あなたならどのように指導しますか。私たちを生徒だと思って,授業を行ってください。

　なお,10分程度時間が経過したところで,授業の途中でも止めますので,あらかじめ承知しておいてください。

▼高校保体
【課題】
□「保健」の「健康の保持増進と疾病の予防」の授業で,「薬物乱用の防止」について学習することにしました。

　このとき,あなたならどのように指導しますか。私たちを生徒だと思って,授業を行ってください。

　なお,10分程度時間が経過したところで,授業の途中でも止めますので,あらかじめ承知しておいてください。

□「保健」の「労働と健康」の授業で,「働く人の健康の保持増進」について学習することにしました。

　このとき,あなたならどのように指導しますか。私たちを生徒だと思って,授業を行ってください。

　なお,10分程度時間が経過したところで,授業の途中でも止めますので,あらかじめ承知しておいてください。

▼高校機械

【課題】

□「機械設計」の授業で、「円筒摩擦車の速度伝達比」について学習することにしました。

このとき、あなたならどのように指導しますか。私たちを生徒だと思って、授業を行ってください。

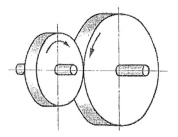 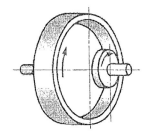

なお、10分程度時間が経過したところで、授業の途中でも止めますので、あらかじめ承知しておいてください。


▼高校土木

【課題】

□「測量」の授業で、「トラバース測量の内業の手順」について学習することにしました。

このとき、あなたならどのように指導しますか。私たちを生徒だと思って、授業を行ってください。

なお、10分程度時間が経過したところで、授業の途中でも止めますので、あらかじめ承知しておいてください。


▼高校農業

【課題】

□「農業と環境」の授業で、「エダマメの栽培」について学習することにしました。

このとき、あなたならどのように指導しますか。私たちを生徒だと

思って，授業を行ってください。

　なお，10分間程度が経過したところで，授業の途中でも止めますので，あらかじめ承知しておいてください。


▼高校水産

【課題】

□「水産海洋基礎」の「魚介類の鮮度」の授業で，「鮮度の保持」について学習することにしました。

　このとき，あなたならどのように指導しますか。私たちを生徒だと思って，授業を行ってください。

　なお，10分間程度が経過したところで，授業の途中でも止めますので，あらかじめ承知しておいてください。


▼養護教諭

【課題】

□小学校3年「健康な生活」の学習です。

　健康な生活について，自分の生活と関連付け，手や足などの清潔，ハンカチや衣服などの清潔を保つことが必要であることを理解させる授業を行います。

　面接官が児童役をしますので，10分程度で授業を行ってください。必要があれば，黒板を用いても構いません。構想がまとまったら始めてください。


□小学校5年「けがの防止」の学習です。

　けがの防止について，交通事故や身の回りの生活の危険などを取り上げ，学校生活での事故やけがなどは，人の行動や環境が関わって発生していることを理解させる授業を行います。

　面接官が児童役をしますので，10分程度で授業を行ってください。必要があれば，黒板を用いても構いません。構想がまとまったら始めてください。

□小学校5年「けがの防止」の学習です。

　けがの手当について，簡単な手当は児童が自分でできるようにすることを目的とした授業を行います。

　面接官が児童役をしますので，10分程度で授業を行ってください。必要があれば，黒板を用いても構いません。構想がまとまったら始めてください。

□中学校3年「健康な生活と疾病の予防」の学習です。

　感染症の予防について，インフルエンザを取り上げ，感染症を予防するには，発生源をなくすとと，感染経路を遮断すること，身体の抵抗力を高めることが有効であることを理解させる授業を行います。

　面接官が生徒役をしますので，10分程度で授業を行ってください。必要があれば，黒板を用いても構いません。構想がまとまったら始めてください。

□中学校3年「健康な生活と疾病の予防」の学習です。

　感染症の原因について，身近な感染症を取り上げ，感染症は，病原体が環境を通じて主体へ感染することで起こる病気であることを理解させる授業を行います。

　面接官が生徒役をしますので，10分程度で授業を行ってください。必要があれば，黒板を用いても構いません。構想がまとまったら始めてください。

□中学校1年「心身の機能の発達と心の健康」の学習です。

　欲求やストレスへの対処と心の健康について，養護教諭として来室してくる生徒の様子を取り上げ，ストレスへの適切な対処にはいろいろな方法があり，自分に合った対処法を身に付けることが大切であることを理解させる授業を行います。

　面接官が生徒役をしますので，10分程度で授業を行ってください。必要があれば，黒板を用いても構いません。構想がまとまったら始め

てください。

▼特支教諭
【課題】
□あなたは，知的障害特別支援学校小学部5年生5人の児童による生活単元学習を，2人の教師で担当しています。

　1学期に実施した「校内探検」の学習を踏まえ2学期には「学校の周りを探検する」学習に取り組みます。導入段階で児童に意欲と見通しをもたせるために，あなたはメインティーチャーとして，どのような授業を行いますか。

　面接官が児童役をしますので，10分程度で授業を行ってください。必要があれば，黒板を用いても構いません。構想がまとまったら始めてください。

□あなたは，知的障害特別支援学校小学部5年生5人の児童による生活単元学習を，2人の教師で担当しています。

　9月の生活単元学習は「学校の周りを探検する」です。1度探検した経験を基に自分の気に入った場所の写真を撮って，校舎周辺の地図を作ることをねらいます。あなたはメインティーチャーとして，どのような授業を行いますか。

　面接官が児童役をしますので，10分程度で授業を行ってください。必要があれば，黒板を用いても構いません。構想がまとまったら始めてください。

□あなたは，知的障害特別支援学校中学部1年生から3年生計18人の生徒による生活単元学習を，4人の教師で担当しています。

　9月の生活単元学習は，「秋祭りを成功させる」です。生徒の発案で育てた野菜の出店を開くこととなりました。導入段階で生徒が意欲をもって主体的に取り組むように，あなたはメインティーチャーとして，どのような授業を行いますか。

面接官が生徒役をしますので，10分程度で授業を行ってください。必要があれば，黒板を用いても構いません。構想がまとまったら始めてください。

□あなたは，知的障害特別支援学校高等部3年生の企業就労を目指す15人の生徒による職業学習を，2人の教師で担当しています。

老人ホームの見学を行い介護について学んできました。見学を踏まえて「実習がんばりシート」を作ります。実習の目標を立て，みんなの前で一人で発表できるようにするために，あなたはメインティーチャーとして，どのような授業を行いますか。

面接官が生徒役をしますので，10分程度で授業を行ってください。必要があれば，黒板を用いても構いません。構想がまとまったら始めてください。

▼栄養教諭
【課題】
□小学校6年家庭「衣食住の生活」の学習です。

食事の役割について，家庭や学校給食などの食事の様子を振り返る活動により，日常の食事が児童にとっても，その家庭にとっても大切であることについて理解させる授業を行います。

面接官が児童役をしますので，10分程度で授業を行ってください。必要があれば，黒板を用いても構いません。構想がまとまったら始めてください。

□中学校1年家庭「食生活と自立」の学習です。

日常食の献立と食品の選び方について，学校給食を用いて，1日に必要な食品の種類と概量について理解させる授業を行います。

面接官が生徒役をしますので，10分程度で授業を行ってください。必要があれば，黒板を用いても構いません。構想がまとまったら始めてください。

□中学校2年家庭「食生活と自立」の学習です。

　地域の食文化について，郷土料理や地場産物を取り上げ，地域又は季節の食材のよさを理解させる授業を行います。

　面接官が生徒役をしますので，10分程度で授業を行ってください。必要があれば，黒板を用いても構いません。構想がまとまったら始めてください。

◆場面指導(2次試験)　面接官2人　受験者1人　5分
※課題は，検査時に提示する。
▼小学校全科
【課題】
□あなたは2年生の担任になりました。

　給食の準備の時間，配膳のために並んでいる列でAさんとBさんが押し合いを始めました。Aさんが「割り込みすんなよ。」と言いながらBさんを押しています。Bさんは「並んでたよ！」と言い返しているようですが，周りの児童が「いっつもBは，ずるいことばっかりするんだ！」「後ろに並べよ！」などと大きな声で言うので，あなたにBさんの声はよく聞こえません。

　私たちが，児童役をします。この状況であなたは学級担任として，どのような指導をしますか。あなたが，並んでいる児童たちに声をかけるところから始めてください。

□あなたは，3年生の担任になりました。

　ある朝，Aさんが「今日，家に帰ったらカードゲームで遊ぼう。」とBさんを誘っていました。Bさんは「ちょっとまって，後で返事するね。」と答えていました。

　しかし，その日の授業後の休み時間に，Bさんが「なんでだめなんだよ，遊ぼうって言ったじゃないか」と大きな声でAさんに言っています。Aさんは，他の児童数人と一緒にいて，Bさんに向かって，「も

う，満員で入れません。」と笑って伝えています。

　私たちが，児童役をします。この状況であなたは学級担任として，二人にどのような指導をしますか。二人に声をかけるところから始めてください。

□あなたは4年生の担任になりました。

　休み時間に，Aさんが自分の席で泣いています。「新しく買ってもらった消しゴムなんだよ。返してよー。」と泣きながら言っています。

　近くで他の児童と一緒にいるBさんが「『練り消しゴム』なんてもってきちゃだめなのに，見せびらかすからだろ！」と言って，Aさんの消しゴムを他の児童に投げて渡しました。

　私たちが，児童役をします。この状況であなたは学級担任として，二人にどのように対応をしますか。あなたが，泣いているAさんに話しかけるところから，始めてください。

□あなたは6年生の担任になりました。

　朝，始業前の教室に，児童が数人来ていました。

　あなたが一人一人に「おはよう」と声をかけると，Aさんは，あなたを見て小さな声であいさつを返しました。Bさんは，机にうつぶせになったまま，あいさつを返しません。

　私たちが，児童役をします。この状況であなたは学級担任として，二人にどのような対応をしますか。あなたが，Aさんに「おはよう」と声をかけるところから始めてください。

□あなたは5年生の担任になりました。

　給食の時間に子どもたちの様子を見ていると，Aさんのお皿のおかずがなくなっていて，Bさんのお皿のおかずは山盛りになっています。話を聞くと，Aさんは「きらいだから，あげた。」と話しました。Bさんは「残すのはもったいないからもらった。」と話しました。すると，近くの児童が，「ちがうよ，Aさんは，本当はこのおかず好きなんだよ。」

と，あなたに教えてくれました。

　私たちが，児童役をします。この状況であなたは学級担任として，二人にどのような指導をしますか。Aさんに話しかけるところから始めてください。

□あなたは2年生の担任になりました。

　1時間目の授業が始まりました。見ると，Aさんの机の上には何も置いてありません。どうしたのかとたずねると「教科書もノートも筆入れも忘れた。」と言います。隣の席に座っているBさんに教科書を見せてあげるよう言うと，「Aさんは，この前も教科書を忘れたから見せてあげたのに，私の教科書にいたずら書きをしたから見せたくない。」と言います。

　私たちが，児童役をします。この状況であなたは学級担任として，二人にどのような指導をしますか。あなたが，Aさんの机に気づくところから始めてください。

▼中学校全科
【課題】
□昼休み，廊下を歩いていると，あなたの担任する教室からAさんが走り出てきて，「Bさんに体操着のズボンを下ろされました。」と訴えてきました。

　教室にいたBさんに話を聞くと，「ちょっとした悪ふざけです。下にはハーフパンツをはいていたし，下着が見えなかったしいいじゃないですか。そもそもAさんが，しつこく絡んでくるからです。」と言いました。

　このとき，あなたは学級担任として，どのように対応しますか。

　私たちが生徒AとBの役をしますので，Bさんが言い終わったところから始めてください。

□清掃中，あなたの教室の清掃班の班長のAさんが，「先生，Bさんが

ほうきをバットにして，ガムテープを丸めて作ったボールを打って，清掃をしません。」と，あなたを呼びに来ました。

　Aさんと一緒に教室に行くと，Bさんは，ほうきを持って友人と談笑していました。そしてBさんの足下にはガムテープを丸めたボールが落ちていました。

　AさんがBさんを指さし，「清掃をしないで遊んでいたんです。」と言うと，Bさんは，「もう，終わりました。だから，反省会が始まるまで友達と話をしていたんです。」と言いました。

　このとき，あなたは学級担任として，どのように対応しますか。

　私たちが生徒AとBの役をしますので，Bさんが言い終わったところから始めてください。


□あなたの担任する学級では，2か月に一度席替えをするというルールを学級の話し合いで決めました。しかし最近，授業中の私語が増えてきたことから，学活の時間，学級委員のAさんが「授業中，近くの人と私語をしている人が増えてきているし，清掃もとりかかるのが遅くなったり，時間内に終わらなかったりして，席替えをした方がいいと思います。」と提案すると，Bさんが「まだ，2か月経っていないし，まだ残り1か月あります。4月に，みんなで決めたルールを守るべきです。」と発言しました。

　このとき，あなたは学級担任として，どのように対応しますか。

　私たちが生徒AとBの役をしますので，Bさんが言い終わったところから始めてください。


□あなたが担任する学級の生徒は，修学旅行では部屋に3人ずつ宿泊することになりました。宿泊するメンバーの決め方を検討するために，放課後，学級委員と班長が集まりました。

　Aさんは「思い出に残る修学旅行にしたいし，自由に好きな者同士がいいと思う。」と発言しました。すると，Bさんは「でも，全員が希望どおりの友達と一緒の部屋になるとは限らないし，新たな仲間づく

りの意味でもくじ引きで決める方がいいと思います。そうですよね，先生。」と言いました。

　このとき，あなたは学級担任として，どのように対応しますか。

　私たちが生徒AとBの役をしますので，Bさんが言い終わったところから始めてください。

□昨日の下校時，生徒玄関であなたが担任する学級のAさんから「先生を信頼しているから話します。放課後，イライラして教室のカレンダーを破いてしまいました。本当，反省しています。このことは誰にも言わないでください。」と言われました。そして，あなたは破れたカレンダーを片付けました。

　今朝，教室に行くと，Bさんが，「先生，カレンダーがなくなっているんですけど，昨日の放課後，カレンダーは破られていたんです。友達と『みんなの誕生日が書かれたものなのにひどすぎる』って言っていたんです。Aさんが破いたという噂もありますが…。先生，誰がやったか，聞いてください。」と言いました。

　このとき，あなたは学級担任として，どのように対応しますか。

　私たちが生徒AとBの役をしますので，Bさんが言い終わったところから始めてください。

□あなたは，生徒玄関で下校指導をしていました。

　あなたの学級のAさんが，「先生，私の買ったばかりの新しいビニール傘がありません。きっと誰かが盗ったんです。これで，今年に入ってからなくなったのは5本目です。」と言いました。すると，隣にいたBさんが，「先生に言っても無駄だよ。あきらめて帰ろう。」と言いました。

　このとき，あなたは学級担任として，どのように対応しますか。

　私たちが生徒AとBの役をしますので，Bさんが言い終わったところから始めてください。

▼高校全科
【課題】
□SNSでのトラブルへの対応

　あなたが担任するクラスで，あるおとなしい生徒Aが，「生徒Bが休み時間にスマートフォンで自分(生徒A)を撮影して，投稿している。嫌なのでやめてほしい。」と訴えてきました。放課後に生徒Bを呼んで事実を確認すると，「友人同士のふざけ合いであって，生徒Aも笑っている。」と言いました。

　このあと，あなたは生徒Bにどのような指導を行いますか。私を生徒Bであると想定して指導してください。

□昼食を教室で食べない生徒への対応

　あなたは，担任するクラスの生徒Aが昼食の時間になると教室にはおらず，別の空き教室で一人でいることを知りました。昼食時間に様子を見に行ってみると，Aは「親は弁当を作ってくれないし，昼食代も渡してくれないから，教室にいたくない。」と言いました。

　このとき，あなたは生徒Aにどのような指導を行いますか。私を生徒Aであると想定して指導してください。

□普段と様子が異なり机に伏せている生徒への対応

　あなたが授業を終えたとき，生徒Aが机に伏せており，普段と様子が異なることに気付きました。生徒Aのそばへ近づいてみると，「もうこんな学校なんか来たくない。」と小声でつぶやいているのが聞こえました。

　このとき，あなたは生徒Aに対してどのような指導を行いますか。私を生徒Aであると想定して指導してください。

□課題を提出しない生徒への対応

　あなたが，授業終了直後に生徒から課題を集めたところ，生徒Aだけ課題を提出しませんでした。生徒Aは前回も課題を提出しなかった

ため，次からはしっかり出すよう指導し，本人も「必ず出す。」と言っていましたが，今回も提出しませんでした。

　このとき，あなたは生徒Aに対してどのような指導を行いますか。私を生徒Aであると想定して指導してください。


▼養護教諭
【課題】
□授業中に校内巡視をしていると，小学6年生のAさんが，階段の踊り場のところに座っていました。となりでBさんが心配そうにのぞき込んでいます。Aさんについて，担任から，嫌なことがあると教室を飛び出すことがあると事前に話を聞いていました。

　この状況で，あなたは養護教諭としてどのように対応しますか。

　私たちが児童役をします。Aさんに話を聞くところから始めてください。


□ある朝，小学1年生のAさんが泣きながら，6年生の登校班長Bさんと一緒に登校し，そのまま保健室に来ました。Aさんは，泣き止んでいますが，Bさんのそばから離れようとしません。

　この状況で，あなたは養護教諭としてどのように対応しますか。

　私たちが児童役をします。Aさんに話を聞くところから始めてください。


□小学3年生のAさんは，体育の授業で鉄棒を行ったところ，鉄棒から落ちてしまい，Bさんに付き添われて泣きながら保健室に来室しました。Aさんは，頭をずっと抑えています。

　この状況で，あなたは養護教諭としてどのように対応しますか。

　私たちが児童役をします。Aさんに話を聞くところから始めてください。


□体育の時間に中学3年生のAさんが，「左手親指を突き指した。」と言

って，友人のBさんと来室してきました。手当をしようと体操着の袖をまくったところ，左手首に刃物で切ったような傷跡があるのを見付けました。

　この状況で，あなたは養護教諭としてどのように対応しますか。

　私たちが生徒役をします。Aさんに話を聞くところから始めてください。

□昼休みに，中学1年生のAさんが，「Bさんに左足を蹴られた。」と怒った状態で来室してきました。蹴られた右足は，少し赤くなっているものの，腫れや変形はありません。Aさんから話を聞いたところ，Bさんを含めた同じクラスの数名とサッカーをしていたようです。Bさんは保健室の入口でこちらを見ています。

　この状況で，怒っているAさんに対して，あなたは養護教諭としてどのように対応しますか。

　私たちが生徒役をします。Aさんに話しかけるところから始めてください。

□休み時間に，小学6年生のAさんが，「ちょっと鼻をいじったら鼻血が出た。最近よく出るんだ。」と言いながら，上を向いた状態で来室してきました。Bさんが，床に垂れた血をティッシュペーパーで拭きながらついてきています。

　この状況で，あなたは養護教諭として保健指導をふまえながらどのように対応しますか。

　私たちが児童役をします。Aさんに話しかけるところから始めてください。

▼特支教諭
【課題】
□あなたは，中学部2年生の担任です。AさんはIQが75程度の生徒で，同じクラスのBさんよりできることが多くあります。

119

　授業中に，AさんにBさんに対して，「次はこれをして」と自分の思いどおりにさせようとしています。Bさんは，「やりたいことをさせて」と言い返しますが，Aさんは「私が教えないとできないでしょ」と，さらにBさんに強い口調で指示しようとしています。

　このとき，あなたは学級担任として，どのように対応しますか。

　私たちがAさん，Bさんの役をしますので，Aさんが言い終わったところから始めてください。


□あなたは，中学部1年生の担任です。AさんはIQが70程度で，気持ちが不安定になると職員室に行き，級外の教員と話をすることで落ち着きを取り戻します。

　今日，授業中に職員室に行こうとしたAさんに対して，Bさんが「Aさんだけ勉強しないのはおかしい」と言って，2人が言い争いになりました。

　このとき，あなたは学級担任として，どのように対応しますか。

　私たちがAさん，Bさんの役をします。2人の言い争いに続いて始めてください。


□あなたは，知的障害特別支援学校小学部3年生の担任です。IQが60程度のAさんは，休み時間に昆虫探しに夢中になり，チャイムが鳴っても，授業に集中することがなかなかできません。

　今日も，Aさんは，捕まえた昆虫をポケットに入れて教室に持ち込み，授業中もその昆虫で遊んでいます。Bさんがそれに気付き，Aさんを注意したので，Aさんは興奮してきました。

　このとき，あなたは学級担任として，どのように対応しますか。

　私たちがAさん，Bさんの役をします。2人の言い争いに続いて始めてください。


□あなたは，中学部2年生の担任です。AさんはIQが80程度で，勝つことへのこだわりが強い性格です。

　今日の体育で行ったサッカーの試合で，Aさんはシュートを決められませんでした。また，ゴールキーパーのBさんも相手チームのシュートを止められず，チームは負けてしまいました。Aさんは，「Bさんが，止めていれば負けなかったのに」とBさんを責めました。その言葉にBさんも言い返しています。

　このとき，あなたは学級担任としてどのように対応しますか。

　私たちがAさん，Bさんの役をします。2人の言い争いに続いて始めてください。


◆個人面接(2次試験)　面接官2人　20分
　▼小学校全科
【質問内容】
□模擬授業のできはどうか。
□ピアノの腕前はどうか。①少しだけできる程度，②授業でできる程度，③式典でも演奏できる程度，の3段階のうちのどれか。
□新潟県のどの赴任先であってもよいか。
□新潟県の小学校教諭を目指した理由はなにか。
□短所はなにか。
□あなたの「これだけは誰にも負けない」というものはなにか。
□学級担任になったら，どんなことを大切にするか。
□今までの教員経験において，どんなことが大変だったか。
　→どのように解決したか。
□いじめに対して，具体的にどのように対応するか。


　▼中学数学
【質問内容】
□新潟県を受験した理由
□教員として，どんな強みがあるか。


121

□教員として，これから克服したいことはあるか。

□いじめに対して，どのように対応するか。

□部活動の顧問はできるか。

□(講師経験から)担任をしたことは何回あるか。また，何年生を受け
持ったか。

<br>

# 新潟市

◆模擬授業(1次試験)　面接官2人　受験者1人　15分(構想5分，授業10分)

▼小学校全科

【課題】

□国語：第3学年の国語で，「詩を読もう」の学習をします。

　本時のねらいは，「詩に込められた思いを考えながら読むことができる。」です。

　導入の場面で，教材を提示し，音読をさせた後，「この詩を読んで，どのようなところがおもしろいと感じますか。」と発問するところから，私たちを児童に見立てて，授業を始めてください。問い掛けに対して，私たちは児童役として反応します。

　また，必要があれば黒板を用いても構いません。

　なお，時間になったら，途中でも止めますので，承知しておいてください。

　では，構想がまとまったら始めてください。

〈資料〉

> わたしと小鳥とすずと　　金子みすゞ
> わたしが両手をひろげても，
> お空はちっともとべないが，
> とべる小鳥はわたしのように，
> 地面(じべた)をはやくは走れない。
>
> わたしがからだをゆすっても，
> きれいな音はでないけど，
> あの鳴るすずはわたしのように
> たくさんなうたは知らないよ。
>
> すずと，小鳥と，それからわたし，
> みんなちがって，みんないい。

〈発問〉

「この詩を読んで，どのようなところがおもしろいと感じますか。」
・児童役の面接官は，席に座って静かに授業を受けており，受験者を困らせるような質問や行動もなかった。

▼中高国語

【課題】

□中学校第3学年で，「和歌」の学習をします。

本時のねらいは，「作品に描かれた情景や作者の思いを想像すること」です。教材は，「春過ぎて夏来るらし白たへの衣干したり天の香具山」です。

導入の場面で，生徒が音読をした後，「この和歌に描かれている季節はいつですか。それは，どの言葉から分かりますか。」と発問するところから，私たちを生徒に見立てて，授業を始めてください。問い掛けに対して，私たちは生徒役として反応します。

123

また，必要があれば，黒板を用いても構いません。

なお，時間になったら，途中でも止めますので，承知しておいてください。

では，構想がまとまったら始めてください。


▼中高数学
【課題】
□中学校第3学年で，「根号を含む式の計算」について学習します。

前時までに，根号の中が等しい項の加法・減法を学習しています。

本時のねらいは，「根号の中の項が等しくない場合の計算方法が分かり，答を求めることができる。」です。

「問 $\sqrt{18} - \sqrt{8} + \sqrt{2} =$ 　　　」と板書し，「この式の答を求めなさい。」と発問するところから，私たちを生徒に見立てて，授業を始めてください。問い掛けに対して，私たちは生徒役として反応します。

また，必要があれば，黒板を用いても構いません。

なお，時間になったら，途中でも止めますので，承知しておいてください。

では，構想がまとまったら始めてください。


▼中高社会
【課題】
□中学校で，「日本の農業のかかえる課題と今後の在り方」について学習します。

本時のねらいは，「日本の農業の現状を理解し，これからの日本の農業の在り方を考える。」です。

導入の場面で，資料を提示し，「日本の食料自給率について，グラフから分かることは何ですか。」と発問するところから，私たちを生徒に見立てて，授業を始めてください。問い掛けに対して，私たちは生徒役として反応します。

また，必要があれば黒板を用いても構いません。

なお，時間になったら，途中でも止めますので，承知しておいてください。

では，構想がまとまったら始めてください。

〈資料〉

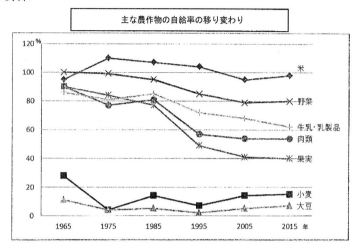

農林水産省「食料需給表」より作成

〈発問〉

「日本の食料自給率について，グラフから分かることは何ですか。」

▼中高理科

【課題】

□中学校で，「酸素と結びつく化学変化」について学習します。

　本時のねらいは，「金属を加熱すると，酸化が起こり，質量や金属の性質が変化することを理解する。」です。

　導入の場面で，「金属を加熱すると，どのような変化が起こると思いますか。」と発問するところから，私たちを生徒に見立てて，授業を始めてください。問い掛けに対して，私たちは生徒役として反応します。

　また，必要があれば黒板を用いても構いません。

　なお，時間になったら，途中でも止めますので，承知しておいてください。

　では，構想がまとまったら始めてください。


▼中高英語

【課題】

□中学校第3学年で，「与えられたテーマについて簡単なスピーチ」をします。テーマは「Robots can make our life better.」です。

　本時のねらいは，「テーマについて理由を挙げて説得力のあるスピーチをすることができる。」です。

　スピーチの内容を考えるために，導入の場面で，お掃除ロボットが部屋掃除をしている写真を提示し，「Do you think robots can make our life better?」と発問するところから，私たちを生徒に見立てて，授業を始めてください。問い掛けに対して，私たちは生徒役として反応します。

　また，必要があれば，黒板を用いても構いません。

　なお，時間になったら，途中でも止めますので，承知しておいてください。

　では，構想がまとまったら始めてください。


▼中高家庭

【課題】

□中学校で，「幼児とのかかわり方」について学習します。

　本時のねらいは，「幼児との触れ合い体験に向けて，幼児とのかかわり方を考える。」です。

　導入の場面で，資料を提示し，「この幼児に，どのように接しますか。」と発問するところから，私たちを生徒に見立てて，授業を始めてください。問い掛けに対して，私たちは生徒役として反応します。

　また，必要があれば，黒板を用いても構いません。

　なお，時間になったら，途中でも止めますので，承知しておいてく

ださい。

では，構想がまとまったら始めてください。

▼中高技術

【課題】

□「エネルギーの変換と利用」について学習します。

　本時のねらいは，「電気エネルギーの安全な使い方を知る。」です。

　導入の場面で，資料を提示し，「危険な配線をしているのは，A，B
どちらのテーブルタップですか。理由もあわせて答えてください。」
と問い掛けるところから，私たちを生徒に見立てて，授業を始めてく
ださい。問い掛けに対して，私たちは生徒役として反応します。

　また，必要があれば，黒板を用いても構いません。

　なお，時間になったら，途中でも止めますので，承知しておいてく
ださい。

　では，構想がまとまったら始めてください。

〈資料〉

電源プラグ

配線の例

15A 125V

| テーブルタップA | | テーブルタップB | |
|---|---|---|---|
| 接続する電気機器 | 消費電力 | 接続する電気機器 | 消費電力 |
| 電気ストーブ | 800W | オーブントースター | 1,000W |
| ノートパソコン | 30W | 電気ケトル | 1,250W |
| オーディオプレーヤー | 22W | | |

〈発問〉
　「危険な配線をしているのは，A，Bどちらのテーブルタップですか。理由もあわせて答えてください。」

▼中高音楽
【課題】
□中学校で，「浜辺の歌」の歌唱表現について学習します。

　本時のねらいは，「歌詞の内容や曲想を感じ取り，歌唱方法を工夫する。」です。

　導入の場面で，生徒が「浜辺の歌」を通しで歌った後，「寄せては返す波の様子を表すためには，歌い方をどのように工夫すればよいと思いますか。」と発問するところから，私たちを生徒に見立てて，授業を始めてください。問い掛けに対して，私たちは生徒役として反応します。

　また，必要があれば，黒板を用いても構いません。

　なお，時間になったら，途中でも止めますので，承知しておいてください。

　では，構想がまとまったら始めてください。

▼中高保体
【課題】
□中学校で，「欲求やストレスへの対処と心の健康」について学習します。

　本時のねらいは，「心の健康を保つには，ストレスに適切に対処することが必要であることを理解し，その方法を考える。」です。

　導入の場面で，「部活動で一生懸命に練習に取り組んだにもかかわらずレギュラーをおろされた」という事例を提示し，「あなたが同じ状況だとしたら，あなたのストレス度は低，中，高のどれに当たりますか。」と発問するところから，私たちを生徒に見立てて，授業を始めてください。問い掛けに対して，私たちは生徒役として反応します。

　また，必要があれば，黒板を用いても構いません。

　なお，時間になったら，途中でも止めますので，承知しておいてください。

　では，構想がまとまったら始めてください。


▼中高美術

【課題】

□中学校第3学年で，ピカソの「ゲルニカ」を鑑賞する授業を行います。

　本時のねらいは，「表現の意図と創造的な表現の工夫などを考え，見方や感じ方を深める。」です。

　導入の場面で，資料を提示し，「左端に描かれた女性が言葉を発しているとしたら，何と言っていると思いますか。」と発問するところから，私たちを生徒に見立てて，授業を始めてください。問い掛けに対して，私たちは生徒役として反応します。

　また，必要があれば，黒板を用いても構いません。

　なお，時間になったら，途中でも止めますので，承知しておいてください。

　では，構想がまとまったら始めてください。

〈資料〉

▼養護教諭

【課題】

□小学校第5学年で，「心と体のつながり」について学習します。

　本時のねらいは，「心と体は相互に影響し合っていることを理解する。」です。

　導入の場面で「『マラソンのスタートの前に心臓がドキドキする。』というように，心が体に影響を与えるという経験はありませんか。」と問い掛けるところから，私たちを児童に見立てて，授業を始めてください。問い掛けに対して，私たちは児童役として反応します。

　また，必要があれば，黒板を用いても構いません。

　なお，時間になったら，途中でも止めますので，承知しておいてください。

　では，構想がまとまったら始めてください。

▼特支教諭

【課題】

□知的障がい特別支援学校小学部の1・2年生で，「紙遊び」の活動を行います。

　前時では，紙を破いたり，丸めて投げたりする活動を行いました。

　本時のねらいは，「紙遊びの遊び方のレパートリーを広げたり，増やしたりして楽しむ。」です。

　手元にある新聞紙を使って，児童に対して，紙を使った遊びを示すところから，私たちを児童に見立てて，授業を始めてください。問い掛けに対して，私たちは，児童役として反応します。

　また，必要があれば，黒板を用いても構いません。

　なお，時間になったら，途中でも止めますので，承知しておいてください。

　では，構想がまとまったら始めてください。

◆実技試験(1・2次試験)

▼小学校全科

【体育課題1】

□鉄棒運動

　逆上がり→静止→前回り降り

※練習2回あり

※本番で逆上がりに2回失敗した場合は，跳び上がり→静止→前回り降り　を行う。

【体育課題2】

□表現運動

　題材「激しい火山の噴火」

※構想・練習時間1分，本番30秒

※表現運動とは，題材から表したいイメージをとらえ，即興的な表現や簡単なひとまとまりの表現で踊るものです。

【体育課題3】

□水泳(クロール・平泳ぎ各25m)

※本番で足をついてしまった場合は，そこから再び泳ぎ始めてよい。泳ぐことができない場合は，途中から歩いても構わないが，ゴールまで行くこと。

【音楽課題】

□ピアノ演奏(小学校学習指導要領に示された第4・5・6学年の歌唱の共通教材の中から1曲を選び，ピアノ伴奏をしながら歌唱します。伴奏譜を2部用意し，当日1部を検査員に提出してください。)

※練習なし

※演奏は，1分30秒間行う。

▼中高家庭

【課題】

□次の図のようなエプロン(縮小版)を，下の指示により製作しなさい。(60分)

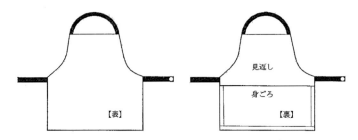

〈指示〉※順不同

○見返しと身ごろを中表に合わせ，肩ひもと腰ひもを挟んで，なみ縫いをする。

○エプロンのすそは，1.5cm幅の三つ折りにし，まつり縫いをする。

○エプロンの両わきは，1.5cm幅の三つ折りにし，なみ縫いをする。

○腰ひもの端に，スナップボタンを付ける。

○見返しと身ごろを表にした際，仕上がりがきれいになるように工夫する。

※受検番号が書かれている面が布の表である。

※見返しのすそは，そのままでよい。


▼中高技術

【課題】

□指示された材料，道具類を用いて，下図に示した「本立て」を製作しなさい。(60分)

　ただし，次の4点に留意すること。

〈留意点〉

・すべての板の厚さは12mmとする。

・けがき線は消さないこと。

・くぎは8本使用すること。(予備2本を含めて10本配布する。)

・面取りなど，仕上げの作業は行わないこと。

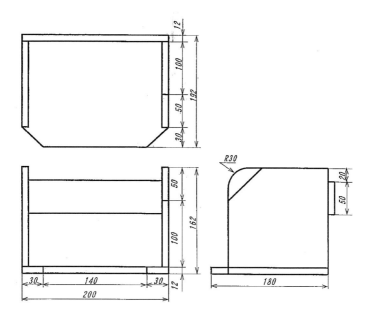

▼中高音楽

【課題1】

□平成30年度用文部科学省検定済教科書中学校音楽科用に掲載されて
　いる「赤とんぼ」「花の街」「夏の思い出」「浜辺の歌」「荒城の月」
　「花」「早春賦」の中から当日指定する1曲を，ピアノ伴奏をしなが
　ら歌唱します(楽譜は当日指定したものを使用)。

【課題2】

□アルトリコーダーによる視奏をします(曲は当日指定)。


▼中高保体

【必修課題1】

□マット運動

【必修課題2】

□ハードル走

【必修課題3】

□ダンス(創作ダンス)

【選択課題1】

□バスケットボール，バレーボールから1種目を選択

【選択課題2】

□柔道，剣道から1種目を選択


▼中高美術

【課題】

□水彩(120分)

下記の条件に従い，画用紙に，モチーフを水彩で表現しなさい。

〈条件〉

(1)　スプーンを載せた紙皿と布を自由に構成し，水彩で表現すること。

(2)　画用紙の縦・横は自由とするが，モチーフが画用紙に収まるように描くこと。

(3)　背景の表現は，自由とする。

※配布するもの…画用紙A3判1枚，画鋲4個，カルトン，下絵用紙1枚，スプーン1本，紙皿1枚，布1枚


▼特支学校

【課題】

□鉄棒運動，表現運動，水泳(クロール・平泳ぎ各25m)

※表現運動とは，題材から表したいイメージをとらえ，即興的な表現や簡単なひとまとまりの表現で踊るものです。


◆場面指導(2次試験)　面接官2人　受験者1人　15分

　▼小学校全科

【課題】

□あなたは，3年生の担任です。

　あなたの学級のA男は，元気で明るい反面，つい友達に手を出したり悪口を言ったりすることを繰り返すタイプです。

　ある日の昼休み，B男が，「みんなと体育館で遊んでいたのに，A男がぼくをにらんで叩きました。A男に注意してください。」と泣きながら訴えてきました。

　そこで，A男を呼んで個別に話を聞くことにしました。あなたは，担任として，A男にどのように指導しますか。私をA男だと思って話してください。


□あなたは，6年生の担任です。

　あなたの学級のA子は，運動会の応援団長をしています。A子は，何に対しても一生懸命に取り組む努力家ですが，自分の思いを一方的に押し付ける傾向があります。

　ある日，女子の数名が，「A子が応援練習の後，勝手に怒って悪口を言ってくるんです。注意してください。」と訴えてきました。

　そこで，A子を呼んで個別に話を聞くことにしました。あなたは，担任として，A子にどのように指導しますか。私をA子だと思って話してください。


▼中高全科
【課題】
□あなたは，中学校2年生の担任です。

　修学旅行の前日，A男の保護者が来校し，「A男が，仲のよいB男と修学旅行の班が別になり，話せる人がいなくて心配だと言っている。今からでも班を替えてほしい。」と訴えてきました。

　あなたは，担任として，A男の保護者にどのように対応しますか。私をA男の保護者だと思って話してください。


□あなたは，中学校2年生の担任です。

　4月，新年度のクラス発表をした日の夕方，A子の保護者が来校し，

「以前トラブルになったB子と一緒のクラスになってしまった。A子の
ために，クラス替えをやり直してほしい。」と訴えてきました。
　あなたは，担任としてA子の保護者にどのように対応しますかる私
をA子の保護者だと思って話してください。


▼養護教諭
【課題】
□あなたは，中学校の養護教諭です。
　3年生のA子は，7月頃から時々体調不良を訴えて来室していました
が，夏休み明けに3日間連続して欠席したことをきっかけに，頭痛や
腹痛を訴えて欠席したり，登校しても保健室に来室したりすることが
多くなりました。担任が理由を尋ねても，「大丈夫です。」と答えるば
かりとのことです。
　今日も来室して体調不良を訴えるA子に，あなたは，養護教諭とし
てどのように対応しますか。私をA子だと思って話してください。


▼特支教諭
【課題】
□あなたは，知的障がい特別支援学校小学部5年生の担任です。
　ある日，あなたの学級のA男の保護者が来校し，「A男が，B男に嫌
なことを何度も繰り返し言われたと言っている。B男とは前にも同様
のことがあった。何とかしてほしい。」と訴えてきました。
　B男は自閉症スペクトラムのため，特定の子どもに繰り返し同じ言
葉を言うことがあります。
　あなたは，担任として，どのように対応しますか。私をA男の保護
者だと思って話してください。


◆個人面接(2次試験)　面接官2人　15分
　▼小学校全科

【質問内容】

□あなたの長所・短所はなにか。

　→長所について，教員としてどう生かすか。

　→短所について，どのように克服しているか。

□今までいちばん辛かった経験はなにか。

□ストレスは溜まりやすい方か。

　→どうリフレッシュしているか。

□趣味はなにか。具体的になにをするか。

　→教員として生かせることはあるか。

□最近感動したことはなにか。

□教員を目指したのはいつからか。

　→そのきっかけはなにか。

□(部活動で部長をしていた経験から)あなたが部長になったのは，立候補か推薦か。

　→なぜ推薦されたと思うか。

□部長として苦労したことはなにか。

　→教員として，その経験をどう生かすか。

　→その経験から，子どもたちに伝えたいことはなにか。

□なぜ他県の大学に進学したか。

　→新潟県に戻ってこようと思ったのはなぜか。

・面接官はにこやかで，話し方もやさしく，リラックスできた。

・教育についてよりも，自分自身のことや今までの経験について，重点的に聞かれた。


▼小学校全科

【質問内容】

□今までの人生で，人に自慢できる経験はなにか。

□先輩の教員とうまく仕事をするために，どんなことが大切だと思うか。

□働き方改革について，あなたはどう取り組むか。

□講師経験の中で，困った児童・保護者はいたか。
　→(いたと回答)どう対応したか。


▼中高国語
【質問内容】
□長所と短所はなにか。
□自分が教員に向いていると思うところはなにか。
□これまでの人生で大変だったことはなにか。
　→そのことをどう乗り越えたか。
□保護者が教員や学校に求めることはなにか。
　→どう実現していくか。
□先に行った場面指導を振り返ってみて，どう思うか。
□現在勤務している学校での校務分掌はなにか。
□学級担任はしているか。また，過去にしたことはあるか。
□公務員とはどんな存在か。
□公務員として信頼を得るために必要なことはなにか。


◆適性検査(2次試験)　50分
【検査内容】
□クレペリン


◆集団面接(2次試験)　面接官2人　受験者4人　40分
▼小学校全科
【質問内容】
□私たちが担任する6年生は，全体的に素直で，学習にも諸活動にも，前向きに取り組む子どもたちです。しかし，身の回りから問題を見付けたり，問題を解決しようとしたりする姿が見られません。
　今後，中学校への進学に向け，全校のリーダーとして，自分たちの

学校をよりよくしていこうとする姿を育んでいきたいと考えています。

そのために，私たちは，夏休み以降どのような取組をしたらよいでしょうか。

自分が考える「具体的な取組」を1つ書いてください。

時間は90秒です。

〈試験の流れ〉
① 「具体的な取組」について，構想・記入を90秒間行う。
② 1人60秒以内で発表を行う。
③ それぞれの発表を踏まえて，学年主任役の進行に従い，具体的な取組について20分間話し合う。
④ 話し合い終了後，大切だと思ったことや感想を用紙に簡潔に記入する(60秒間)。
⑤ ④の内容を1人60秒以内で発表する。
・受験者同士，笑顔で意見を交わし合って，和やかな雰囲気だった。集団面接の練習を重ねるよりも，自分自身の引き出しの多さや，他の受験者との関わり方が大切だと感じた。


▼中高全科
【質問内容】
□私たちが担任する中学校2年生は，全体的に素直です。しかし，授業中に手が挙がらなくなったり，専門委員会の役員への立候補が減ったりするなど，人任せにする姿が増えてきました。

最上級生である3年生へとつなげられるよう，何事にも当事者意識をもって取り組ませたいと考えています。

そのために，私たちは，夏休み以降どのような取組をしたらよいでしょうか。

自分が考える「具体的な取組」を1つ書いてください。

時間は90秒です。

▼養護教諭

【質問内容】

□9月に保健室登校を始める生徒の割合が最も高くなっているのは，どのような理由からだと考えられますか。

　あなたの考える理由を1つだけ記入してください。

　時間は60秒間です。

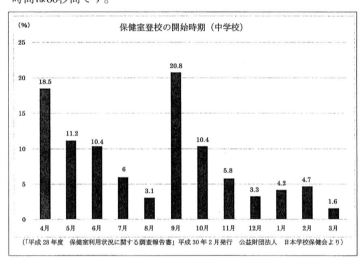

保健室登校の開始時期（中学校）

（「平成28年度　保健室利用状況に関する調査報告書」平成30年2月発行　公益財団法人　日本学校保健会より）

□9月に保健室登校が始まる割合が高いという現状からすると，保健室登校の生徒を減らすには，夏休みまでの取組が重要であると言えます。

　そこで，今日は，保健室登校の生徒を一人でも減らすために，4月から夏休みまでに，養護教諭としてどのような取組を行えばよいのかを，具体的に話し合うことにします。

　それぞれが研修後に各学校に持ち帰り，学校での指導に生かせるように話合いを深めてください。

　自分が考える「具体的な取組」を1つ書いてください。

　時間は90秒です。

▼特支教諭

【質問内容】

□今，学校教育において，障がいの有無にかかわらず，一人一人の能力や可能性を最大限に育むことが求められています。

　そこで，今日の研修会では，皆さんが担任する知的障がい特別支援学校中学部の生徒が，自立し社会参加できるようにするために，どのような取組を行えばよいのかを，具体的に話し合うことにします。

　それぞれが研修会後に各学校に持ち帰り，自校での取組に生かせるように話合いを深めてください。

　自分が考える「具体的な取組」を1つ書いてください。

　時間は90秒です。

# 2018年度　面接実施問題

## 新潟県

※1次試験では，小学校全科・特別支援学校に関して実技試験は行われない。

〈受験者によるアドバイス〉

・2次試験は午前と午後に分かれていて，午後は12:30からの受付だった。しかし，自分の順番は最後だったため，15:30に試験が始まった。試験までの間，何もできないので，お腹がすくことが恐ろしかったが，幸いチョコレートを持っていたため，何とかなった。不安な人は何かしら飲食できるものを持って行くことを薦める。

※その日の全試験終了まで会場から外出することはできない。

◆オーラルプレゼンテーション(1次試験)

　▼中・高英語

【課題】

　□英語による文章の音読，質疑応答を行う。

〈問題文〉(中学はA〜C，高校はA〜D)

[A]

　What are two things that make humans different from all other animals? One is language and the other is music. While other animals can sing － indeed, many birds do so better than a lot of people － birdsong, and the song of animals such as whales, is limited in type. No other animal has developed a musical instrument.

　Music is strange stuff. It is clearly different from language. People can, nevertheless, use it to communicate things － especially their emotions. When combined with speech in a song, it is one of most powerful means of communication that humans have. But, biologically speaking, what is it?

If music is truly different from speech, then it ought to come from a distinct part of the brain. That part keeps music separate from other sounds, including language. The evidence suggests that such a part does exist.

People whose language-processing ability is damaged do not automatically lose their musical abilities. There are one or two cases of people who have lost their musical abilities but who can still speak and understand speech. This shows that the brain processes music and language independently.

[B]

Tears can ruin make-up, bring conversation to a stop, and give you a runny nose. They leave you embarrassed and without energy. Still, crying is a fact of life, and your tears are very useful. Even when you're not crying, they make a film over the eye's surface. This film contains a substance that protects your eyes against infection.

When tears fall, they relieve stress; but we tend to fight them for all sorts of reasons. "People worry about showing their emotions, afraid that once they lose control they'll never get it back," explains psychologist Dorothy Rowe. "As children we might have been punished for shedding tears or expressing anger; as adults we still fear the consequences of showing emotions. The fact is, no emotion lasts forever." After we cry, the feelings that caused the tears often disappear.

Almost any emotion — good or bad, happy or sad — can bring on tears. Crying is an escape mechanism for built-up emotions. Tears help you when you feel you are ready to explode because of very strong feelings.

[C]

Weather forecasters don't just look out the window to prepare the report you see on TV or hear on the radio. They use a sophisticated weather

143

information network located all over — and above — the globe. Satellites orbit Earth constantly. Planes and balloons ascend daily to collect data. Weather stations in almost every country on the earth contribute data.

As you've noticed, forecasters sometimes make mistakes. That's because a forecast is only a prediction. It is based on what's happening now. However, nature doesn't always follow a predictable pattern, so a forecast is only an educated guess, not a guarantee.

Weather satellites remain in fixed positions 22,000 miles above the equator. Together, their cameras can photograph the entire earth, except the poles. Other satellites follow north-south and south-north routes from pole to pole.

The long tails of weather balloons are equipped with radiosondes. These are radio transmitters that measure temperature, air pressure, and humidity in the atmosphere. Some balloons ascend as high as 90,000 feet to collect data.

Weather monitoring equipment is attached to airplanes. These planes can fly directly into storms to take measurements.

[D]

As awareness of the benefits of humor and laughter increases, most of us want to get all the laughs we can. It seems that almost every day there is another news bulletin about the power of humor and laughter to heal us physically, mentally, emotionally and spiritually. Every system of the body responds to laughter in some important, positive, or healing way.

Many people mistakenly believe that you are born with a sense of humor. They think that when it comes to a sense of humor, "either you've got it or you don't." This is false! What is true, however, is that the capacity to laugh and smile is virtually inborn.

The parts of the brain and central nervous system that control laughing and smiling are mature at birth in human infants, but that is not the same thing as having a sense of humor. Your sense of humor is something you can develop over a lifetime. Lose your inhibitions and try to laugh at yourself — then you will make others laugh too.

◆オリエンテーション実技検査(1次試験)

▼中学技術　検査時間60分

【課題】

□指示された材料，道具類を用いて，下図に示した「箱」を製作しな
　さい。ただし，次の4点に留意すること。

＜留意点＞

＊すべての板の厚さは12mmとする。

＊けがき線は消さない。

＊くぎは16本使用する(予備2本を含めて18本配付する。)。

＊面取りなど，仕上げの作業は行わない。

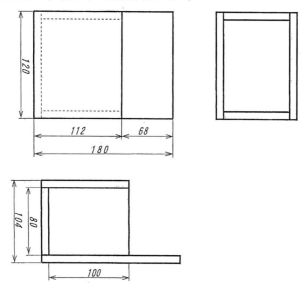

※当日，課題が提示される。

〈持ち物〉

三角定規一組，コンパス，実技用実習着

145

▼中学家庭

【課題】

※当日，課題が提示される。

〈持ち物〉

　裁縫用具一式(裁ちばさみ，糸切りばさみ，指ぬき，チャコペンシル，へら，まち針，しつけ糸)


▼中学美術　試験時間120分

【課題】

□水彩…下記の条件に従い，画用紙に，モチーフを水彩で表現しなさい。

＜条件＞

(1)　コップと布を自由に構成し，水彩で表現すること。

(2)　コップには，水を半分程度入れるものとする。

(3)　画用紙の縦・横は自由とするが，モチーフが画用紙に収まるように描くこと。

(4)　背景の表現は，自由とする。

＜配布されるもの＞

　画用紙A3判1枚，画鋲4個，カルトン，コップ，布1枚，下絵用紙1枚

＜注意＞

＊要項記載の検査持参品以外の用具は使ってはいけない。

＊用具の貸し借りはしてはいけない。

＊用具を忘れた場合は申し出なければならない。

※当日，課題が提示される。

〈持ち物〉

　鉛筆，消しゴム，水彩用具一式(筆，パレット，透明水彩絵の具，筆洗，雑巾)

▼中学音楽

【課題】

□弾き歌い…課題曲の中から当日指定する1曲を，ピアノ伴奏をしな
　がら歌唱する。

課題曲：「赤とんぼ」「花の街」「夏の思い出」「浜辺の歌」「荒城の月」
　「花」「早春賦」

＊楽譜は当日指定したものを使用する。

＊課題曲は，文部科学省検定済教科書中学校音楽科用に掲載されてい
　る。

□アルトリコーダーによる視奏

＊曲は当日指定される。

〈持ち物〉

アルトリコーダー


▼中学保体

【課題(計5種目)】

□〔必修〕ダンス(創作ダンス)

□〔必修〕柔道または剣道から1種目選択

□マット運動

□ハードル走

□水泳

□バスケットボールまたはバレーボールから1種目選択

※必修2種目と当日指定される3種目が実施される。

〈持ち物〉

　運動着上下，運動靴(屋内用，屋外用)，水着，(柔道選択者)柔道着，
(剣道選択者)竹刀と防具


◆模擬授業(2次試験・個人面接Ⅰ)

　☆全科共通事項

〈試験の流れ〉

①進行説明

> 「これから，10分間で，模擬授業を行ってもらいます。模擬授業終了後，5分間，場面指導を行ってもらいます。
>
> 　それでは，教卓に置いてある模擬授業の面接問題を読んで，まず，授業の構想を2分くらい考えてください。準備ができたら，『始めます』と言ってから始めてください。必要があれば黒板を使ってください。
>
> 　なお，時間になりましたら途中であっても終了しますので，あらかじめ承知しておいてください。」

②模擬授業の構想(中学1分，高校2分)

＊(中学受験者について)

　入室後，面接官の前の席に座る(机が用意されている。)。

　合図と共に課題をめくり，構想を始める。

③模擬授業(10分)…『始めます』で開始

④試験官による場面指導問題の読み上げ

> 「次に，場面指導を行ってもらいます。」
> 「それでは，これから場面指導の問題を読み上げます。」

⑤場面指導(中学10分，高校5分)

⑥個人面接(中学25分)

※教材，指導案等を検査室に持ち込むことはできない。

※事前におおまかな出題範囲は新潟県教育委員会ホームページに掲載されているので，確認されたい。


▼小学校全科

　問題文の構造は以下のとおりである。問題の設定を当てはめたものが出題問題である。

　あなたは，〔対象学年〕の担任です。〔教科〕の時間に〔単元〕の授業を行います。〔本時の目標〕。あなたは，どのように授業を行いますか。

　私たちを児童に見立てて，授業を行ってください。必要があれば，黒板を用いても構いません。構想がまとまったら，始めてください。

　なお，10分程度時間が経過したところで，授業の途中でも止めますので，あらかじめ承知しておいてください，

【課題】
□問題1
○対象学年　：5年生
○教科　　　：国語
○単元　　　：「すいせんします，この一さつ」
○本時の目標：本時は，単元の導入で，「だれに」「どの本を推薦するか」「その理由は何か」を考えさせ，分かりやすくスピーチしようとする意欲を高めることを目標にします
□問題2
○対象学年　：5年生
○教科　　　：社会
○単元　　　：「米づくりにはげむ人々」
○本時の目標：本時は，日本の稲作が自然条件を生かして営まれていることや，全国の多くの地域でお米が生産されていることに気付かせ，稲作がどこでどのようにして行われているかを調べる学習計画を立てさせます
□問題3
○対象学年　：5年生
○教科　　　：社会
○単元　　　：「米づくりにはげむ人々」
○本時の目標：本時は，私たちが普段食べている米がどのように作ら

れているか，稲作農家の見学をとおして調べたことをまとめます

□問題4

○対象学年　：3年生

○教科　　　：算数

○単元　　　：「円と球」

○本時の目標：本時は，下の課題で，児童に円をかく方法を考えさせ
　　ます。あなたは，どのように授業を行いますか。

---

　1つの辺の長さが8cmの正方形があります。

　この正方形の中にぴったり入る円をかきましょう。

---

□問題5

○対象学年　：3年生

○教科　　　：算数

○単元　　　：「円と球」

○本時の目標：本時は，下の課題で，児童に円の半径の長さについて
　　考えさせます。あなたは，どのように授業を行いますか。

---

　円の半径の長さをもとめましょう。

---

□問題6

○対象学年　：4年生

○教科　　　：理科

○単元　　　：「空気と水の性質」

○本時の目標：前時に，「閉じ込めた空気に力を加えると，体積は小
　　さくなるが押し返す力は大きくなる」ことを実験をとおして学習し
　　ました。本時は，「閉じ込められた水に力を加えると体積はどうか
　　わるか」という課題を設定し，実験計画をたてさせます

▼中学国語

【課題】

　問題文の構造は以下のとおりである。問題の設定を当てはめたもの
が出題問題である。

150

〔学年設定〕で，次の教材を使って古典の授業を行います。作品の特徴を生かした朗読を行うなど，古典の世界を楽しむことを目指し，私たちを生徒に見立てて授業を行ってください。必要があれば，黒板を用いても構いません。構想がまとまったら始めてください。

〔作品内容〕

なお，10分程度時間が経過したところで，授業の途中でも止めますので，あらかじめ承知しておいてください。

□問題1
○学年設定：1年生
○作品内容：

竹取物語

今は昔，竹取の翁といふ者ありけり。野山にまじりて竹を取りつつ，よろづのことに使ひけり。名をば，さぬきのみやつことなむ言ひける。その竹の中に，もと光る竹なむ一筋ありける。あやしがりて，寄りて見るに，筒の中光りたり。それを見れば，三寸ばかりなる人，いとうつくしうてゐたり。

□問題2
○学年設定：1年生
○作品内容：

矛盾

楚人に，盾と矛とをひさぐ者あり。これを誉めて曰はく，「吾が盾の堅きこと，よくとほすものなきなり。」と。

また，その矛を誉めて曰はく，

「吾が矛の利なること，物においてとほさざることなきなり。」と。

ある人曰はく，

「子の矛を以て，子の盾をとほさば，如何。」と。

その人応ふるあたはざるなり。

□問題3
○学年設定：2年生
○作品内容：

> 徒然草
>
> 　つれづれなるままに，日暮らし，硯に向かひて，心にうつり
> ゆくよしなしごとを，そこはかとなく書きつくれば，あやしう
> こそものぐるほしけれ。

□問題4
○学年設定：3年生
○作品内容：

> おくの細道
>
> 　　　　月日は百代の過客にして，行きかふ年もまた旅人なり。舟
> の上に生涯を浮かべ，馬の口とらへて老いを迎ふる者は，日々
> 旅にして旅をすみかとす。古人も多く旅に死せるあり。予もい
> づれの年よりか，片雲の風に誘はれて，漂泊の思ひやまず，海
> 浜にさすらへて，去年の秋，江上の破屋にくもの古巣を払ひて，
> やや年も暮れ，

▼中学数学
　問題文の構造は以下のとおりである。問題の設定を当てはめたもの
が出題問題である。

> 　〔対象学年〕の「〔単元〕」の単元で授業を行います。本時は
> 〔本時のねらい〕がねらいです。
> 　私たちを生徒に見立てて，具体的な例を挙げながら授業を行
> ってください。必要があれば，黒板を用いても構いません。構
> 想がまとまったら始めてください。
> 　なお，10分程度時間が経過したところで，授業の途中でも止
> めますので，あらかじめ承知しておいてください。

【課題】
□問題1
○対象学年　　　：1年生
○単元　　　　　：空間図形
○本時のねらい：2直線の「ねじれの位置」について理解させること
□問題2
○対象学年　　　：2年生
○単元　　　　　：連立二元一次方程式
○本時のねらい：代入法による解き方について理解させること
□問題3
○対象学年　　　：3年生
○単元　　　　　：二次方程式
○本時のねらい：「解の公式」を知り，それを用いて二次方程式を解
　　く方法を理解させること
□問題4
○対象学年　　　：3年生
○単元　　　　　：相似な図形
○本時のねらい：三角形の相似条件について理解させること

▼中学社会
　問題文の構造は以下のとおりである。問題の設定を当てはめたもの
が出題問題である。

> 　〔本時の分野〕の授業を行います。本時は，〔本時のねらい〕
> がねらいです。
> 　私たちを生徒に見立てて，具体的な例を挙げながら授業を行
> ってください。必要があれば，黒板を用いても構いません。構
> 想がまとまったら始めてください。
> 　なお，10分程度時間が経過したところで，授業の途中でも止
> めますので，あらかじめ承知しておいてください。

【課題】

□問題1

○本時の分野　：地理的分野の学習「日本の諸地域」において，中部地方

○本時のねらい：自然環境によって特色あるくらしや産業が行われていることをとらえさせること

□問題2

○本時の分野　：地理的分野の学習「世界の諸地域」において，アジア州

○本時のねらい：工業化と経済発展を視点にした地域的特色を理解させること

□問題3

○本時の分野　：歴史的分野の学習「古代までの日本」

○本時のねらい：奈良時代に大陸の影響を受けた天平文化が栄えたことを理解させること

□問題4

○本時の分野　：公民的分野の学習「私たちのくらしと経済」

○本時のねらい：物価変動の仕組みや，物価変動に対応して政府や日本銀行が行う経済の安定化を図る政策について理解させること

▼中学理科

　問題文の構造は以下のとおりである。問題の設定を当てはめたものが出題問題である。

---

　〔対象学年〕の「〔本時の分野〕」において，単元「〔単元〕」の授業を行います。本時は，〔本時のねらい〕がねらいです。

　私たちを生徒に見立てて，具体的な例を挙げながら授業を行ってください。必要があれば，黒板を用いても構いません。構想がまとまったら始めてください。

　なお，10分程度時間が経過したところで，授業の途中でも止めますので，あらかじめ承知しておいてください。

---

【課題】

□問題1

〇対象学年　　：2年生

〇本時の分野　：電流

〇単元　　　　：電気とそのエネルギー

〇本時のねらい：電熱線から発生する熱量について調べる実験を行い，発生する熱の量は電力に関係があることに気付かせること

□問題2

〇対象学年　　：3年生

〇本時の分野　：運動の規則性

〇単元　　　　：力のつり合い

〇本時のねらい：いろいろな方向の2力の合力を調べる実験を行い，異なる方向の2力の合成には規則性があることに気付かせること

□問題3

〇対象学年　　：2年生

〇本時の分野　：動物の体のつくりと働き

〇単元　　　　：生命を維持する働き

〇本時のねらい：だ液のはたらきについての実験を行い，だ液など消化液には，食物を体に吸収しやすい物質に変えるはたらきがあることに気付かせること

□問題4

〇対象学年　　：1年生

〇本時の分野　：火山と地震

〇単元　　　　：火山活動と火成岩

〇本時のねらい：火山岩と深成岩の観察を行い，それらの組織の違いはマグマの冷え方と関係があることに気付かせること

▼中学英語

　　問題文の構造は以下のとおりである。問題の設定を当てはめたものが出題問題である。

　この単元では〔単元〕を学習します。単元の学習到達目標は，「〔単元の目標〕」です。〔本時のねらい〕になっています。

　私たちを生徒に見立てて授業をすべて「英語」で行ってください。必要があれば，黒板を用いても構いません。構想がまとまったら始めてください。

　なお，10分程度時間が経過したところで，授業の途中でも止めますので，あらかじめ承知しておいてください。

【課題】

□問題1

○単元　　　：疑問詞

○単元の目標　：自分や相手の身近なことについて質問したり，答えたりすることができる

○本時のねらい：what, when, where, who, whichなどの文構造を理解したり練習したりするための指導は既に終わっており，本時は，実際に英語を使用して言語活動を行うこと

□問題2

○単元　　　：受け身

○単元の目標　：日本の伝統文化について紹介することができる

○本時のねらい："Judo is enjoyed by many people in the world." などの文構造を理解したり練習したりするための指導は既に終わっており，本時は，実際に英語を使用して言語活動を行うこと

□問題3

○単元　　　：現在完了形(経験)

○単元の目標　：自分が経験したことを伝えたり，相手が経験したことを尋ねたりすることができる

○本時のねらい："I have been to Kyoto three times." などの文構造を理解したり練習したりするための指導は既に終わっており，本時は，実際に英語を使用して言語活動を行うこと

□問題4

○単元　　　　：to不定詞

○単元の目標　：自分や相手の行きたい場所ややってみたいことなどについて，伝えたり尋ねたりすることができる

○本時のねらい："I want to go to Italy." などの文構造を理解したり練習したりするための指導は既に終わっており，本時は，実際に英語を使用して言語活動を行うこと

▼中学技術／中学家庭／中学美術／中学保体

　問題文の構造は以下のとおりである。問題の設定を当てはめたものが出題問題である。

---

　〔対象学年と単元や授業内容等〕の授業を行います。本時は，〔本時のねらい〕がねらいです。

　私たちを生徒に見立てて授業を行ってください。必要があれば，黒板を用いても構いません。構想がまとまったら始めてください。

　なお，10分程度時間が経過したところで，授業の途中でも止めますので，あらかじめ承知しておいてください。

---

【技術課題】

□問題

○対象学年　　：2年生

○単元　　　　：エネルギー変換に関する技術

○本時のねらい：電気エネルギーが，熱，動力，光，その他のエネルギーへと変換される仕組みを，身近な電気機器を取り上げながら理解させること

【家庭課題】

□問題

○対象学年　　：指定なし

○単元　　　　：衣服の選択と手入れ

○本時のねらい：着ているうちに汚れがついたりほころびたりする衣服について，その材料や状態に応じた手入れができるようにすること

【美術課題】

□問題

○対象学年　　：3年生

○授業内容　　：岡本太郎の『太陽の塔』を鑑賞する

○本時のねらい：作者が伝えたいメッセージを想像しながら鑑賞を深めさせること

【保体課題】

(対象学年の指定はない。)

□問題1

○分野　　　　：保健

○授業内容　　：心身の機能の発達と心の健康

○本時のねらい：「心の健康を保つためには，欲求やストレスに適切に対処する必要があること」に気付かせること

□問題2

○分野　　　　：保健

○授業内容　　：健康な生活と疾病の予防

○本時のねらい：「様々な生活習慣の乱れが生活習慣病などの要因となること」について理解させること

□問題3

○分野　　　　：体育理論

○授業内容　　：運動やスポーツの多様性

○本時のねらい：「運動やスポーツには，行うこと，見ること，支えることなどの多様なかかわり方があること」について理解させること

□問題4

○分野　　　　：体育理論

○授業内容　　：運動やスポーツの多様性

○本時のねらい：「運動やスポーツには，特有の技術や戦術があり，その学び方には一定の方法があること」ついて理解させること

▼中学音楽

　問題文の構造は以下のとおりである。問題の設定を当てはめたもの
が出題問題である。

> 　〔対象学年〕の「〔題材〕」という題材の〔時限〕の授業を行い
> ます。歌唱教材は〔歌唱教材〕です。本時は，〔指導内容〕を中
> 心に，指導を行うこととします。
> 　私たちを生徒に見立てて授業を行ってください。必要があれ
> ば，黒板を用いても構いません。構想がまとまったら始めてく
> ださい。
> 　なお，10分程度時間が経過したところで，授業の途中でも止
> めますから，あらかじめ承知しておいてください。

【課題】

□問題1

○対象学年：2年生

○題材　　：言葉の抑揚と旋律との関わりを生かして表現を工夫しよ
　　　　　　う

○時限　　：第2時間目

○歌唱教材：「夏の思い出」

○指導内容：3段目の歌い方の工夫すること

□問題2

○対象学年：3年生

○題材　　：拍子や強弱の変化などから曲想を感じ取って歌おう

○時限　　：第2時間目

○歌唱教材：「早春賦」

○指導内容：旋律の動きと強弱の変化との関わりについて表現を工夫
　　　　　　すること


▼高校国語

【課題】

□問題

　「国語総合」で伝統的な言語文化の興味・関心を広げるために，「奥の細道」の冒頭部分を教材にして，授業を行うことにしました。

　このとき，あなたなら，どのように指導しますか。私たちを生徒だと思って，授業を行ってください。

　なお，10分程度時間が経過したところで，授業の途中でも止めますので，あらかじめ承知しておいてください。

> 　　　旅立ち
> 　月日は百代の過客にして，行きかふ年もまた旅人なり。舟の上に生涯を浮かべ，馬の口とらへて老いを迎ふる者は，日々旅にして，旅を栖とす。古人も多く旅に死せるあり。予も，いづれの年よりか，片雲の風に誘はれて，漂泊の思ひやまず，海浜にさすらへ，去年の秋，江上の破屋に蜘蛛の古巣を払ひて，やや年も暮れ，春立てる霞の空に，白河の関越えんと，そぞろ神のものにつきて心を狂はせ，道祖神の招きにあひて取るもの手につかず，ももひきの破れをつづり，笠の緒つけかへて，三里に灸据うるより，松島の月まづ心にかかりて，住める方は人に譲り，杉風が別墅に移るに，
> 　　　草の戸も住み替はる代ぞ雛の家
> 表八句を庵の柱に掛けおく。

〈出題課題分野〉
竹取物語，奥の細道，平家物語


▼高校数学
【課題】
□問題1
　「数学Ⅰ」の「数と式」の授業で，次の例題を用いて「背理法」について学習することにしました。

> 例題　$\sqrt{2}$ が無理数であることを背理法で証明しなさい。

　このとき，あなたならどのように指導しますか。私たちを生徒だと

思って，授業を行ってください。

　なお，10分程度時間が経過したところで，授業の途中でも止めますので，あらかじめ承知しておいてください。

□問題2

　「数学B」の「数列」の授業で，次の例題を用いて「数学的帰納法」について学習することにしました。

---

例題

　$n$を自然数とする。$1+3+5+\cdots+(2n-1)=n^2$が成り立つことを数学的帰納法で証明しなさい。

---

(以下問題1と同文のため省略)

〈出題課題分野〉

○数学Ⅰ…数と式

○数学A…整数の性質

○数学B…数列


▼高校地理

【課題】

□問題

　「地理B」の授業で，諸地域を多面的・多角的に考察させるため，「アングロアメリカの農業」をとりあげて学習することにしました。

　このとき，あなたならどのように指導しますか。私たちを生徒だと思って，授業を行ってください。

　なお，10分程度時間が経過したところで，授業の途中でも止めますので，あらかじめ承知しておいてください。

〈出題課題分野〉

○地理B…現代世界の系統地理的考察(資源，産業)，現代世界の地誌的考察(現代世界の諸地域)

▼高校物理

【課題】

□問題1

　「物理」の「さまざまな運動」の授業で，「力のモーメント」について学習することにしました。

　このとき，あなたならどのように指導しますか。私たちを生徒だと思って，授業を行ってください。

　なお，10分程度時間が経過したところで，授業の途中でも止めますので，あらかじめ承知しておいてください。

□問題2

　「物理」の「電流と磁界」の授業で，「ファラデーの電磁誘導の法則」について学習することにしました。

(以下問題1と同文のため省略)

〈出題課題分野〉

○様々な運動…平面内の運動と剛体のつり合い

○電気と磁気…電流と磁界

▼高校英語

【問題】

□問題1

　「コミュニケーション英語Ⅰ」の授業で，次の英文を用いて，言語活動を行うことにします。この授業では，2人の意見についてペアやグループで話し合うことをねらいとしています。

　このとき，あなたならどのように指導しますか。私たちを生徒だと思って，「英語」で授業を行ってください。

　なお，10分程度時間が経過したところで，授業の途中でも止めますので，あらかじめ承知しておいてください。

A : I prefer city life to country life. I think it is more exciting to live in cities. We have a lot of cultural events in cities, for example, music concerts, art exhibitions and sports events. What is your opinion?

B : I would like to live in the country because country life is healthier than city life. The country has a lot of nature and fresh air. On the other hand, in cities, roads are crowded with various vehicles.

□問題2

「コミュニケーション英語Ⅰ」の授業で，次の英文を用いて，言語活動を行うことにしました。この授業では，内容についてペアやグループで話し合うことをねらいとしています。

(以下問題1と同文のため省略)

Elementary school children should not be allowed to use mobile phones. I agree with this statement. The functions of modern mobile phones let children have easy access to inappropriate activities. It is much harder for parents to monitor their children's mobile phone use.

〈出題課題分野〉

○コミュニケーション英語Ⅰ…具体的なコミュニケーションの場面を
　設定した英語による言語活動

▼養護　面接官2人　受験時間10分

　問題文の構造は以下のとおりである。問題の設定を当てはめたものが出題問題である。

---

　　〔対象学年〕の保健に関する授業で，「〔単元〕」について学習します。本時は，〔本時のねらい〕がねらいです。

　　私たちを生徒に見立てて授業を行ってください。必要があれば，黒板を用いても構いません。構想がまとまったら始めてください。

　　なお，10分程度時間が経過したところで，授業の途中でも止めますから，あらかじめ承知しておいてください。

---

【課題】

□問題1

○対象学年　　：小学校5年生

○単元　　　　：心の健康
○本時のねらい：心の動きと体の変化について取り上げ，心と体は互いに影響し合っていることについて理解させること

□問題2
○対象学年　　：小学校6年生
○単元　　　　：病気の予防
○本時のねらい：喫煙が心身の健康にどのように影響するのかを取り上げ，喫煙を勧められた場合に，学んだ知識と自らの意思をもって対処することができるようにすること

□問題3
○対象学年　　：中学校3年生
○単元　　　　：健康な生活と疾病の予防
○本時のねらい：生活習慣病について取り上げ，生活習慣の乱れは，生活習慣病を引き起こす要因になり，心身の健康に悪影響を及ぼすことを理解させること

□問題4
○対象学年　　：中学校3年生
○単元　　　　：健康な生活と疾病の予防
○本時のねらい：心や身体の疲れについて取り上げ，健康の保持増進には，食事，運動，休養及び睡眠によって調和のとれた生活を続けることが大切であることを理解させること

□問題5
○対象学年　　：中学校1年生
○単元　　　　：心身の機能の発達と心の健康
○本時のねらい：思春期には異性の尊重や性情報への対処など，性に関する適切な態度や行動の選択が必要となることを理解させること

〈受験者の感想〉

・カードに単元が書かれており，準備ができたら始める指示があった。
・児童役の試験官に質問すると答えてもらえる。主に背景要因を探ることに徹した。授業を進める鍵となる。

・開始から10分で止められる。

・追質問はない。

▼特別支援学校

問題文の構造は以下のとおりである。問題の設定を当てはめたものが出題問題である。

---

あなたは，知的障害特別支援学校〔対象〕の〔担当〕を担当しています。〔目標や取り組み等〕のために，あなたはどのような授業を行いますか。

私たちを児童生徒に見立てて授業を行ってください。必要があれば，黒板を用いても構いません。構想がまとまったら始めてください。

なお，10分程度時間が経過したところで，授業の途中でも止めますので，あらかじめ承知しておいてください。

---

【課題】

□問題1

○対象：小学部5年生5人

○担当：生活科

○目標や取り組み等：本時は，来週の文化祭に向けて，学級全員で協力し，教室や廊下をきれいにする「ぴかぴか大作戦」という活動に取り組みます。導入段階で，児童に意欲と見通しをもって活動に取り組ませる

□問題2

○対象：中学部3年生6人

○担当：生活単元学習

○目標や取り組み等：9月の単元は，「地域の中学生と音楽発表会をしよう」です。これまで，発表する曲を決めて，練習を重ねてきました。明日は，中学生との合同音楽発表会を行います。生徒が見通しをもち，期待感をもって，音楽発表会を迎えられるようにする

□問題3

○対象：中学部3年生6人

○担当：生活単元学習

○目標や取り組み等：地域の中学生との合同音楽発表会を終えたまとめとして，中学校に出向いて感想を中学生に伝える準備の時間です。生徒が意欲をもって，主体的に学習に取り組むような授業をする

□問題4

○対象：中学部1年生6人

○担当：生活単元学習

○目標や取り組み等：9月の生活単元学習は，「校外宿泊学習にでかけよう」です。日中は登山を行い，夜はキャンプファイヤーをして宿泊します。導入段階で，生徒に見通しをもたせ，期待感を高めることができるような授業をする

□問題5

○対象：高等部2年生の企業就労を目指す15人

○担当：職業科の学習

○目標や取り組み等：本時は，間もなく始まる現場実習を控え，ビジネスマナーについて学習します。導入段階で，生徒が学習への興味関心や目的意識をもつことができるようにする

□問題6

○対象：小学部5年生5人の生活科

○担当：生活科の学習

○目標や取り組み等：昨日，文化祭に向けて，学級全員で協力し，教室や廊下をきれいにする「ぴかぴか大作戦」に取り組みました。活動のまとめとして，保護者を招いて取組の様子やできるようになったことなどを発表することにしました。児童が自分自身の活動を振り返り，主体的に発表の準備に取り組む

◆場面指導(2次試験・個人面接Ⅰ)

※課題は当日提示される。

▼小学校全科

【課題】

□設問

---

〔場面設定1～6〕

　私たちが，児童役をします。この状況であなたは学級担任として，二人にどのように指導しますか。私たちが，Aさんを指名するところから始めてください。

---

□場面設定1

　あなたは2年生の担任になりました。授業中，あなたが指名して答えられなかったAさんにBさんが，「こんな問題も分からないの。」と言ってきました。Aさんはショックを受けて下を向いてしまいました。

□場面設定2

　あなたは4年生の担任になりました。昼休みが終わって教室に行くと，Aさんが泣いています。理由を聞くと，「自分の筆入れがなくなった。Bさんが隠したんです。」と言ってきました。Bさんは，「私は，そんなことはしていない。」と言っています。Bさんは，以前にCさんの消しゴムを隠して，注意されたことがありました。

□場面設定3

　あなたは3年生の担任になりました。給食の時間中に，AさんとBさんがもめているのに気付きました。Aさんに聞くと，「Bさんが好き嫌いするんです。先生，叱ってください。」と言います。するとBさんは，「家でも食べていないものを，学校で食べることができるわけがないだろ。」と興奮しています。それに対してAさんは，「好き嫌いしないで全部食べなさいって，先生が言ったでしょ。」と，さらに大声で言います。Bさんは，「だって嫌いなんだもん。無理して食べなきゃダメなの？」と言います。

□場面設定4

167

　あなたは5年生の担任になりました。授業中，Aさんは「帰ったらA，B，C，D4人でゲームをして遊ぼう」と書いたメモをBさんに渡して，読んだらCさんに渡すように話していました。あなたが，近づくと，Bさんはメモを隠し，教科書を読むふりをしました。Aさんも，何もなかったかのようにしています。

□場面設定5

　あなたは6年生の担任になりました。帰りの会で，日直が『今日のできごと』を話すことになっています。日直のAさんは，じっと考え込んだまま，なかなか話し始めません。待ちくたびれたBさんが，「早く話して。早く帰りたい。」と言いました。それを聞いたAさんは，しゃがみ込んで動かなくなってしまいました。

□場面設定6

　あなたは6年生の担任になりました。休み明けの月曜日，朝の会に行ったところ，A男は金髪に，B子は化粧をしていることが分かりました。学級担任のあなたがA男とB子に，「その金髪と化粧はどうしたの？」と尋ねると，「どうしてだめなんだよ。C先生だって髪を染めているし，化粧もしているじゃないか。」と，口をとがらせて言い返してきます。


▼中等学校全科　面接官2人　試験時間10分

【課題】

□設問

> 〔場面設定1～6〕
> 　この状況で，あなたはこの二人にどのように指導しますか。
> 　私たちがAさんとBさんの役をしますので，Bさんの発言が終わったとところから始めてください。

□場面設定1

　体育祭練習が盛り上がってきたある日のこと。応援団長のAさんが，「今週は，放課後に学級対抗大縄跳びの練習をしよう。」とみんなに呼

び掛けました。すると，学級から賛同の拍手がわき起こりました。しかし，終学活後，Bさんが，「先生，私は参加したくありません。」と申し出てきました。その声に気付いたAさんが，「どうして，学級の和を乱すようなことを言うんだ。」と大きな声を出しました。Bさんはうつむいたまま，下を向いてしまいました。

□場面設定2

　授業中，Aさんは学習用具も出さず，全く授業に取り組もうとせず，私語を続け，他の生徒の学習を妨げ続けています。そんなAさんに便乗するように，まわりの生徒も私語を始めたり，消しゴムを投げたりするなど，ざわつき始めました。するとBさんが，「先生，何で注意しないんですか。授業に集中できません。」と言ってきました。

□場面設定3

　入学して間もない頃の昼休み，Aさんが，「みんながバスケットボールの仲間に入れてくれない」とあなたに訴えてきました。バスケットボールをしていたBさんに一緒に遊ぶように声を掛けてみると，Bさんは，「Aさんは，自分勝手でルールを守らないからいやです。」と言ってきました。

□場面4

　不登校傾向のあるAさんが遅れて登校してきたので，あなたは，保健室の隣の別室での学習に付き添うため，Aさんと一緒に廊下を歩いていました。そこへ，たまたま保健室から出てきたBさんが，「Aさん，一緒に教室に行こうよ。」と声を掛けました。少し間をおいて，Aさんが小さな声で「別室で，先生と一緒に勉強する。」と答えたところ，Bさんは，「Aさんはいいなぁ。何で私は教室に戻らないといけないんですか。」と不満そうに言いました。Aさんは黙って下を向いてしまいました。

□場面設定5

　あなたが担任をする学級では，秋の合唱コンクールに備え，放課後に実行委員が選曲の相談をしていました。Aさんが，「私，この曲，気に入らないし，この曲じゃ最優秀賞を狙えないから，変えよう。」と言い，お気に入りのアイドルグループの合唱曲を提案しました。する

と，Bさんは，「音楽の時間に，みんなで投票した結果を優先すべきだ
し，もうこれで決まり。Aさんのわがままには付き合えないし，みん
な，帰ろう。」と言いました。するとAさんは，「最後は，実行委員全
員の思いが一つになった曲に決定しようと，先生，言いましたよね。」
と，あなたに同意を求めてきました。

□場面設定6

　授業中，居眠りをしていたAさんを注意したところ，Aさんは，「先
生の授業が面白くないから寝ていたんです。」と言い返してきました。
すると，隣の席のBさんが，「先生，Aさんは，みんなに迷惑をかけて
いるわけではないし，他のクラスより進度が遅れているので授業を進
めてください。寝たい人は寝かしておいた方が静かに授業ができま
す。」と言いました。


▼高等学校全科

【課題】

□設問

> 〔場面設定1〜2〕
> 　こののあと，あなたは生徒Aにどのような指導を行いますか。私
> を生徒Aであると想定して指導してください。

□場面設定1

　あなたは日頃から，最後の授業が終わったら清掃が効率的に行える
ように，各自の机を教室の後ろに動かすよう指導しています。ある日
生徒Aは，自分の机を動かさずに部活動に行こうとしたため，呼び止
め，「あなたが机を動かさないから，他の生徒が困っている。」と注意
したところ，「みんな，机を動かすのが遅い。それを待っていたら部
活動の準備が遅れてしまい，先輩に怒られます。」と言いました。

□場面設定2

　この学校では，授業で必要がないものを机の上には置かないように
指導しています。授業中，机の上にペットボトルを置いている生徒A
を注意したところ，「飲んでいないので，いいじゃないですか。」と言

ってきました。

▼養護教諭　面接官2人　面接官2人　試験時間20分
【課題】
□設問

> 　あなたは，〔校種〕の養護教諭です。
> 〔場面設定1〜5〕
> 　この状況で，あなたは養護教諭としてどのように対応しますか。
> 　私たちが児童生徒役をします。Aさんに話を聞くところから始めてください。

□場面設定1〔小学校〕
　5年生のAさんが，体育の授業で，マラソン練習の後に息苦しいと訴え，同じクラスのBさんに付き添われて来室しました。意識はしっかりしているように見えます。
□場面設定2〔小学校〕
　3年生のAさんは，ここ1週間ほど，毎日のように給食前に気持ち悪さを訴え，保健室に来ています。今日も，給食の前に気持ち悪さを訴えて来室しました。嘔吐や下痢の症状はなく，体温を測りましたが，平熱でした。
□場面設定3〔小学校〕
　昼休みに4年生のAさんが，暗い表情で保健室に来ました。どうしたのか聞いたところ，「朝，Bちゃんに挨拶したのに無視された」，「授業が終わった後も，Bちゃんがこっちを見てにらんでいた」と訴えてきました。
□場面設定4〔中学校〕
　3年生のAさんが，授業中に頭痛を訴えて保健室に来ました。体温は平熱でしたが，顔色が優れなかったため，ベッドで休養させました。Aさんはすぐに眠り，1時間ほど経ったところで声を掛けましたが起きません。結局，2時間ほど眠り，すっきりした表情で起きました。

171

□場面設定5〔中学校〕

　休み時間の終わりに、「ボールが手に当たって突き指したから、湿布ちょうだい。」と、2年生のAさんが保健室に来ました。見たところ腫れはないようです。

〈受験者の感想〉

・児童役の試験官に質問すると答えてもらえる。主に背景要因を探ることに徹した。授業を進める鍵となる。

▼特別支援学校

【課題】

□設問

> 　あなたは、〔対象〕の担任です。
>
> 〔場面設定1〜6〕
>
> 　この状況で、あなたは養護教諭としてどのように対応しますか。
>
> 　私たちが児童役をします。Aさんに話を聞くところから始めてください。

□場面設定1〔小学部5年生〕

　IQが50程度で表出言語の乏しいAさんは、自分の思いどおりにならないと、すぐに周りにいる友達を叩いてしまいます。ある日の昼休みに、同じクラスのBさんが、学級に1台のCDプレーヤーで音楽を聞いていると、Aさんが自分の好きなCDを聞こうとして割り込んできました。Bさんに、「順番だよ。」と言われると、AさんはBさんの頭を叩きました。Bさんは担任に、「頭を叩かれたー。」と訴えにきました。

□場面設定2〔中学部2年生〕

　IQが60程度でこだわりの強いAさんは、自分のやりたいことに夢中になり、時間がきてもやめることができないことがあります。ある日の昼休みに、Aさんは大好きなサッカーボールでボール遊びを楽しんでいました。チャイムが鳴り、近くにいたBさんが、「終わりだよ。教室に行くよ。」と言いますが、Aさんはやめずにいました。そこでBさ

んは，Aさんから無理やりボールを奪い取ると，Aさんはその場にうずくまり動かなくなりました。

　現場に居合わせたあなたは，担任としてこの二人にどのように対応しますか。

□場面設定3〔高等部3年生〕

　アスペルガー障害のAさんは，自分の言いたいことを周りの状況を考えずに話し続けてしまうことがあります。ある日，修学旅行の振り返りの授業で，楽しかったことを発表し合う活動を行いました。Bさんが楽しかったことを話していると，AさんがBさんの話に割って入り，「私も楽しかった。あのね，それでね…」と話し始め，Aさんは話をやめようとしません。

□場面設定4〔高等部1年生〕

　IQが80程度で，自分に自信がもてないAさんは，他者の評価が気になり，活動に取り組めなくなることがあります。企業就労を目指した2週間の現場実習が終わり，事業所からの評価は1番低い評価でした。Aさんは，「ぼくはどうせだめだ。もう現場実習には行かない。」と意欲をなくしてしまいました。Bさんに「挨拶の声が小さかったからだよ。」と言われ，Aさんは更に意欲をなくしてしまいました。

□場面設定5〔中学部3年生〕

　IQが60程度で，異性への興味が高まっている女子生徒Aさんは，同じクラスのBさんへの関わりが過剰になってしまうことがあります。ある日の昼休みに，AさんはBさんの席に近づき，「Bくんかっこいいね。」「つきあいたい。」という言葉を繰り返しました。周りの友達が，「Bくん嫌がってるからやめなよ。」と言っても，Aさんは，「だって好きなんだもん。」と言って，更にBさんに近づいて体を寄せようとしています。

□場面設定6〔中学部3年生〕

　IQが50程度で，ルールの理解が不十分なAさんは，みんなで行動しなくてはならない場面で，一人で行動してしまうことがあります。ある日の校外学習でのことです。学級全員でそろってから生徒玄関を出

発することになりました。Aさんは，みんながそろうまで待てずに，「ぼくは行くよ。」と言って，一人で生徒玄関を出ようとしています。Bさんは，「だめだよ。待っているんだよ。」と言いますが，聞き入れようとしません。


◆個人面接(2次試験・個人面接Ⅱ)

▼中学数学　面接官2人　試験時間25分

【質問内容】

□模擬授業と場面指導を終えて，どうでしたか。上手くいきましたか。

□数学が苦手な生徒が多いが，あなたはそれをどう考えていますか。また，どう指導しようと考えていますか。

□教師はとても忙しく，平行して様々なことをこなさなければなりません。あなたはそれを実行することができますか。

□(時間が余ったため)あなたから何か質問等ありますか。

〈受験者の感想〉

・うまく受け答えが出来ていたためなのか，なごやかな空気で終えることが出来た。


▼中学美術　面接官2人　試験時間25分

【質問内容】

□模擬授業と場面指導を終えて，どうでしたか。上手くいきましたか。

□昨日はどのように過ごしましたか。

□ここまでどうやって来ましたか。

□新潟県の教員を志望した動機。

□新潟県の印象は？

□勤務地はどこでも大丈夫ですか。

□他県も受験していますか。

□富山県や福井県は受験しましたか。

□新潟と石川どちらも合格したらどうしますか。

□教員を目指したのはいつからですか。

□民間企業も考えましたか。

□就活仲間とはどんな話しをしましたか。

□大学で学んでいる専門分野は何ですか。

□日本画について説明して下さい。

□日本画をどのように授業に生かしていきますか。

□夏休み終わりに生徒から「学校へ行きたくない」と言われたら，どう対応しますか。

□「学校に行きたくない」と言っていた生徒への対応が自分の思っていた対応とは異なる対応を他の先生がしていたら，どうしますか。

□自分と合わない生徒がいたら，どう対応しますか。

□今日，帰宅後に面接などを振り返って，落ち込みますか。

□落ち込んだら，どうしますか。

□教員としての魅力を20秒でアピールして下さい。

□事前に言っておかなければならない特別な家庭事情，怪我などはないですか。

※受験地についての質問が多い。他県受験者は，よく調査して臨みたい。


▼養護教諭　面接官2人　試験時間25分

【質問内容】

□勤務地はどこでも可能ですか。

□家族，結婚等で限定されることはありますか。

□凝り固まった上司に，異なる意見や考えを主張されたらどうしますか。

□教員として働くことはストレスを溜めやすいが，ストレス発散はどうしますか。

□働き方改革と言われているが，学校としてどうしたらよいでしょうか。

□教育実習で嬉しかったこと，楽しかったこと，うまくいかなかった

ことは何ですか。

□教師として信頼されるためにどうしますか。簡潔に，一言で。

□気になる教育問題は何ですか。

□気になる健康問題は何ですか。

□ワークライフバランスついて。

〈受験者の感想〉

・面接官の1人は民間の人であった。

・言ったことに対して追質問されるため，自分の意見を深めておく必要がある。

◆実技検査(2次試験)

▼小学校全科

【運動課題】

□ボール投げ

□マット運動

□水泳25メートル…クロール・平泳ぎから1種目選択。

【音楽課題】

□歌唱…小学校学習指導要領に示された第4・5・6学年の歌唱の共通教材の中から当日指定する1曲を，CD伴奏に合わせて歌唱する。

　楽譜：検査員が歌詞つきの楽譜を用意する。

□ピアノ伴奏…小学校学習指導要領に示された第4・5・6学年の歌唱の共通教材の中から1曲を選び，ピアノ伴奏をする。

　楽譜：伴奏譜を2部用意し，当日1部を検査員に提出する。

## 新潟市

◆模擬授業(1次試験　個人面接)

▼小学校全科

【課題】

□〈算数問題文〉

　小学校1年生の算数の授業で，たし算なのかひき算なのかわからない場面で，正しく式を作ることについて学習します。

○授業のねらい

> 　加法や減法の場面を具体物や図などを用いて考え，計算式を作ることができる。

○教材となる問題

> 　10人でよこにならんで，うしを見ています。
> 　よしおさんは　左から　4ばん目です。
> 　よしおさんの　右には　なん人いるでしょうか。

この問題を提示するところから授業を行います。


▼中高国語

□〈問題文〉

中学校2年生の国語の授業です。

○授業のねらい

> 　漢詩にうたわれている情景を想像し，昔の人の心情に触れる。

　なお，生徒は既に，漢詩の形式・構成を理解し，音読できるようになっています。

　授業は，生徒が音読を終えた場面から行います。

○教材となる漢詩

黄鶴楼（こうかくろう）にて孟浩然（もうこうねん）の広陵（こうりょう）に之（ゆ）くを送る　　　李白

故人西のかた黄鶴楼を辞し
煙花三月揚州（ようしゅう）に下る
孤帆（こはん）の遠影碧空（へきくう）に尽き
唯（ただ）見る長江（ちょうこう）の天際（てんさい）に流るるを

故人西（にし）ノ辞（かたシ）黄鶴楼（ヲ）
煙花三月下（くだ）ル揚州（ニ）
孤帆（ノ）遠影碧空（ニ）尽（つキ）
唯（ただ）見（みル）長江（ノ）天際（ニ）流（ながルルヲ）

▼中高数学

□〈問題文〉

　中学校1年生の数学の授業で，文字式の加法・減法について学習します。

○授業のねらい

> 　文字の部分が同じ項どうし，数の項どうしをそれぞれまとめて，式を簡単にすることができる。

なお，生徒は既に，次の4つの学習を終えています。

＊正の数・負の数の四則
＊文字式の表し方
＊項と係数の用語の意味

178

＊文字が同じ項のみの加法・減法

授業は，下の教材となる問題を提示するところから行います。

○教材となる問題

> $4x+3-2x+1$ を簡単にしましょう。

▼中高社会

□〈問題文〉

中学校社会科公民的分野の授業で，「私たちと政治」の「人権の尊重と日本国憲法の基本的原則」について学習します。

○授業のねらい

> 防犯カメラの設置には，多くの国民が理解を示しているが，同時に，プライバシーへの不安も懸念されていることに気づく。

生徒は，「新しい人権」が生まれた背景と，「新しい人権」のいくつかの例を学んだところです。

引き続き，＜資料＞を提示する場面から授業を行います。

＜資料＞

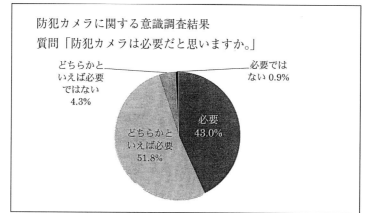

防犯カメラに関する意識調査結果
質問「防犯カメラは必要だと思いますか。」

どちらかといえば必要ではない 4.3%
必要ではない 0.9%
必要 43.0%
どちらかといえば必要 51.8%

▼中高理科

□〈問題文〉

　中学校1年生の理科の授業で，校地内の植物の分布について学習します。

○授業のねらい

> 　日当たりや土の水分の量などに注目して，環境によって生育する植物の種類や生育状況に相違があることを知る。

　生徒は，前時に各自で記録した「校地内の植物の分布地図」を机上に用意したところです。ここから授業を始めます。

▼中高英語

□〈問題文〉

　中学校2年生の英語の授業で，与えられたテーマについてスピーチをする学習をします。テーマは「夏休みの予定」です。

　○授業のねらい

> 　聞く人に伝わるようにスピーチをすることができる。

　生徒はすでに与えられたテーマでスピーチ文を書き終えています。

　本時では，教師が提示するモデル文を用いて，次の活動を行います。

○活動

> 　スピーチの際の，重要なポイントを確認する活動

　教師が提示するモデル文は，別紙プリントのとおりです。

　ウォームアップが終了したところです。

　活動に入る場面から授業を行います。

＜教師が提示するモデル文＞

> 「夏休みの予定」
>
> I have two plans for my summer vacation.
>
> First, I will go to Kyoto with my family. I will go to Kiyomizu Temple.
>
> Second, I will play basketball every day. I hope my team will win the championship.
>
> I am looking forward to the summer vacation.

▼中高技術

□〈問題文〉

　中学校技術分野の材料と加工に関する技術の授業で，「材料と加工に関する技術を利用した製作品の設計・製作」について学習します。

○授業のねらい

> 　げんのうを安全かつ適切に用いて，木材を釘で接合することができる。

次のような工程です。

> 　げんのうを用いて，木材に釘打ちをする。

授業でげんのうを用いるのは初めてです。

げんのうを提示する場面から授業を行ってください。

▼中高家庭

□〈問題文〉

　中学校家庭分野の授業で，「日常食の調理と地域の食文化」について学習します。

○授業のねらい

> 　日常食で，地域の食材を生かすことのよさを述べることができる。

　生徒は，栄養教諭から「給食で使われる野菜や米は，できるだけ給食センター周辺の地域で収穫されたものを使用している」などの話を聞きました。

　生徒は，栄養教諭の話を聞きながら，気づいたことや感想などをノートにメモしたところです。

　この後，学習課題を設定するところから授業を行います。

　なお，栄養教諭が話した内容は資料のとおりです。

＜資料＞

---

栄養教諭の話

　私たちの学校給食センターでは，できるだけセンター周辺の地域で収穫された米や野菜を使うようにしています。

　周辺の地域で野菜が収穫されない場合は，近くの区など，新潟市内の野菜を用います。新潟県内産も使用しています。

　センター周辺の地域で生産される「里芋」の収穫時期には，学校給食の食材としてより多く利用できるよう，「里芋」を多く使うメニューにしています。

---

▼中高音楽

□〈問題文〉

　中学校の音楽の授業で「花」の歌唱表現について学習します。

○授業のねらい

---

　歌詞が表す情景を想像し，歌詞のまとまりを感じ取って歌う。

---

　生徒は，既に音がとれて歌えるようになっています。

　授業の導入として，生徒は「花」を通しで歌ったところです。

　引き続いて次の活動を行います。

---

　一番の歌詞を朗読する活動。

---

　目の前に生徒がいると思って，この活動から授業を行ってください。

▼中高保体
□〈問題文〉
　中学校2年生の保健体育の保健分野の授業で，傷害の防止について学習します。
　　○授業のねらい

　　　自然災害による傷害を防ぐための準備や，発生時にとるべき行動を説明できる。

　次の導入の問いかけをしたところ，2人の生徒が＜別紙＞のような内容をノートに記入しました。
○導入の問いかけ

　　　自然災害への備えとして，みなさんは普段からどのようなことを行っていますか。

＜別紙＞の2人の生徒の意見をきっかけとして，授業を行います。
＜別紙＞

　　　　　　　　　　～生徒のノートへの記入内容～
　〔生徒A〕
　＊家具などを固定する

　〔生徒B〕
　＊家族で集合する場所を決めておく


▼養護教諭
□〈問題文〉
　小学校3年生の保健の授業で，毎日の生活と健康について学習します。
　　○授業のねらい

183

> 健康の状態と毎日の生活の仕方について，自分のことと結びつけて考えることができる。

資料は，児童に提示する「Ａさんの保健室の記録」です。

児童に資料を提示し，資料の内容の読み取りを学級全体で行ったところです。

引き続き，次の活動を行います。

○活動

> 児童が保健室の先生になったつもりで，Ａさんに毎日の生活の仕方についてアドバイスをする活動

この活動から授業を始めてください。

＜資料＞

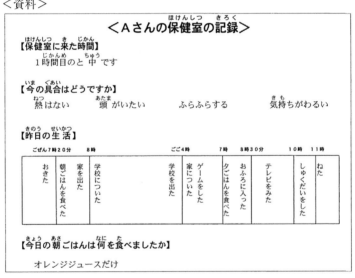

＜Ａさんの保健室の記録＞

【保健室に来た時間】
１時間目のと 中 です

【今の具合はどうですか】
熱はない　　頭がいたい　　ふらふらする　　気持ちがわるい

【昨日の生活】

| ごぜん7時20分 | | 8時 | | | ごご4時 | 7時 | 8時30分 | 10時 | 11時 |
|---|---|---|---|---|---|---|---|---|---|
| おきた | 朝ごはんを食べた | 家を出た | 学校についた | | 学校を出た | ゲームをした | 家についた | 夕ごはんを食べた | おふろに入った | テレビをみた | しゅくだいをした | ねた |

【今日の朝ごはんは何を食べましたか】

オレンジジュースだけ

▼特別支援学校

□〈問題文〉

知的障がい特別支援学校小学部の１・２年生６人の日常生活の指導で，

下校前の活動として帰りの会に取り組みます。

○帰りの会のねらい

> 　友達や担任の話を聞いて一日を振り返るとともに，次の日の学習に見通しをもったり，期待感を高めたりする

帰りの会の「明日の予定」では，担任が話をします。

今日の帰りの会で，担任が話すことは次の4点です。

> ＊明日からプールの授業が始まること
> ＊水着，帽子，バスタオルが持ち物であること
> ＊家庭で朝の検温をし，体温をプールカードに記入すること
> ＊朝の会でプールカードを提出すること

◆場面指導(2次試験　個人面接)

▼小学校全科

【課題】

□〈問題〉

　あなたは，小学校3年生の担任です。

　あなたの学級のA子の母親から，「A子が，『学校に行きたくない。学校でいじめられている。』と言っています。」という電話を受けました。

　数名の児童に話を聞いたところ，「A子は自己中心的で，よく自慢話をする。先日もみんなの前で自慢話をしたことがきっかけで，みんなが距離を置くようになった。」ということが分かりました。

　放課後，A子の母親が，やや興奮して「いったいどうなったのか，聞かせてほしい。」と学校を訪れました。

　あなたは，担任として，A子の母親にどのように対応しますか。私をA子の母親だと思って，話してください。

□〈問題〉

　あなたは，小学校6年生の担任です。

　ある朝，あなたの学級のA子の母親から，「A子が『学校に行けない。』と言っている。理由を聞いても，『よく分からない。』と答えるばかりだ。」という電話がありました。

　放課後，A子の家庭を訪問すると，A子は自分の部屋から出てきません。母親は，「学校に行けない理由も分かりません。どうしたらいいですか。」と訴えました。

　あなたは，担任として，A子の母親にどのように対応しますか。私をA子の母親だと思って，話してください。

▼中高共通
【課題】
□〈問題〉
　あなたは，中学校2年生の担任です。

　あなたの学級のA子は，最近，しばしば休むようになり，家庭訪問をしたところ，同じ学級のB子たちにいじめられていることが分かりました。

　数名の生徒に話を聞くと，「B子たちが，A子に言葉の暴力やいやがらせをしている。B子たちが怖いため，学級の女子生徒の大部分がA子を無視していた。」という事実が分かりました。

　あなたは，B子と話をすることにしました。私をB子だと思って話してください。
□〈問題〉
　あなたは，中学校1年生の担任です。

　放課後，あなたの学級の女子生徒が相談にきて，「最近，学級の男子の間でズボンおろしが流行っている。特に，A男たち男子4人グループが，B男をターゲットに，A男の指示で無理矢理おろすようになった。B男はいやがっているようで，かわいそうだ。何とかやめさせてください。」と訴えました。

　あなたは，A男と話をすることにしました。私をA男だと思って話してください。

▼養護教諭

【課題】

□〈問題〉

あなたは，小学校の養護教諭です。

5年生のA子は，4月から体調不良で，昼休みになると1人で保健室に来室することが増えています。最近は，休み時間が終わっても，「気持ちが悪い。」と訴え，5限の授業に出ようとしません。

学級担任は，「5年生の学級編制替えで，仲のよかったB子やC子と別の学級になり，休み時間は1人で過ごすことが多くなった。自分が声をかけても『大丈夫。』と答えるばかりだ。」と話しています。

あなたは，保健室に来室したA子に，養護教諭としてどのように対応しますか。私をA子だと思って，話してください。

□〈問題〉

あなたは，小学校の養護教諭です。

6年生のA子は，夏休み明けから，遅刻が目立つようになり，2限になると「体がだるい。」「気持ちが悪い。」「やる気が出ない。」と言って保健室に来室することが多くなっています。

学級担任がA子に理由を尋ねても暗い表情で答えず，午前中は，けだるそうな様子でいることが多くなっている状態です。

あなたは，保健室に来室したA子に，養護教諭としてどのように対応しますか。私をA子だと思って，話してください。


▼特別支援学校

【課題】

□〈問題〉

あなたは，特別支援学校中学部1年生の担任です。

放課後，あなたの学級のA男の保護者が学校に来て，「A男が，掃除の時間に叱られたと泣いている。どういうことか。」と，あなたに詰め寄りました。

自閉症スペクトラムのA男は，感覚過敏があり，手が濡れたり，汚

れたりすることを嫌がります。今日の掃除の時間に，何もせずに，掃除をする友達を見ていたため，あなたは，A男に「みんなと掃除をしよう。机やいすを運ぼう。」と言葉を掛けました。

　あなたは，担任として，どのように対応しますか。私をA男の保護者だと思って話してください。

□〈問題〉

　あなたは，特別支援学校小学部3年生の担任です。

　ADHDのA男は，興味があるトラックやパトカーが道路を通ると教室を飛び出して，見に行きます。鳥の鳴き声が聞こえると，窓から身を乗り出して鳥が飛び去るまで，窓から離れません。

　放課後，A男の保護者が「今日の連絡帳にうちの子が落ち着かない様子だと書いてあったが，家では落ち着いて過ごしている。今年度になり担任が代わったせいではないか。」と，電話をかけてきました。

　あなたは，担任として，どのように対応しますか。私をA男の保護者だと思って話してください。

◆集団面接(2次試験)

▼小学校全科・特別支援学校

【テーマ】

□〈共通〉

> 　今日の研修会では，「自分にはよいところがある」と思える児童を育てるために，〔5年生の担任／中学部2年生〕として，どのような取組を行えばよいのか，具体的に話し合うことにします。
> 　それぞれが研修後に，各学校にもち帰って，夏休み明けからの自分の指導に生かせるように話合いを深めてください。

　青色の用紙に，自分が考える「具体的な取組」を1つと，なぜそれに取り組むのかの理由を記入してください。

時間は2分間です。

※以下の設定の同問題である。

　小学校全科の設定　…5年生の担任

　特別支援学校の設定…中学部2年生

□〈小学校全科〉

> 「自分にはよいところがある」と回答する5年生の割合が，4年生と比べて大きく低下するのは，なぜだと考えますか。

黄色の用紙に，あなたの考える理由を1つだけ記入してください。

時間は1分間です。

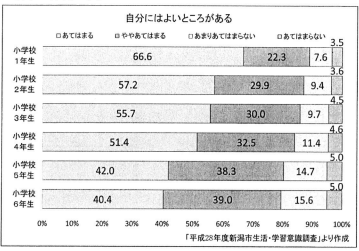

自分にはよいところがある

□あてはまる　□ややあてはまる　□あまりあてはまらない　□あてはまらない

| | あてはまる | ややあてはまる | あまりあてはまらない | あてはまらない |
|---|---|---|---|---|
| 小学校1年生 | 66.6 | 22.3 | 7.6 | 3.5 |
| 小学校2年生 | 57.2 | 29.9 | 9.4 | 3.6 |
| 小学校3年生 | 55.7 | 30.0 | 9.7 | 4.5 |
| 小学校4年生 | 51.4 | 32.5 | 11.4 | 4.6 |
| 小学校5年生 | 42.0 | 38.3 | 14.7 | 5.0 |
| 小学校6年生 | 40.4 | 39.0 | 15.6 | 5.0 |

「平成28年度新潟市生活・学習意識調査」より作成

□〈特別支援学校〉

> 「将来の夢や目標」をもつことは，特別支援学校の生徒にとって，どのような意義があると考えますか。

黄色の用紙に，あなたの考える意義を1つだけ記入してください。

時間は1分間です。

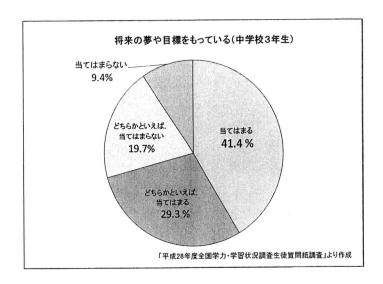

▼中高共通・養護教諭

【テーマ】

□〈共通1〉

> 「将来の夢や目標をもっている」と回答する中学校3年生の
> 割合が，小学校6年生と比べて大きく低下するのは，なぜだと
> 考えますか。

黄色の用紙に，あなたの考える理由を1つだけ記入してください。
時間は1分間です

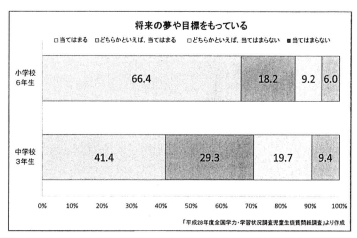

将来の夢や目標をもっている

□当てはまる　□どちらかといえば, 当てはまる　□どちらかといえば, 当てはまらない　■当てはまらない

| | | | |
|---|---|---|---|
| 小学校6年生 | 66.4 | 18.2 | 9.2 / 6.0 |
| 中学校3年生 | 41.4 | 29.3 | 19.7 / 9.4 |

「平成28年度全国学力・学習状況調査児童生徒質問紙調査」より作成

□〈共通2〉

> 　今日の研修会では, 生徒に, 将来の夢や目標をもたせるために, 〔2年生の担任／養護教諭〕として, どのような取組を行えばよいのか, 具体的に話し合うことにします。
> 　それぞれが研修後に, 各学校にもち帰って, 夏休み明けからの自分の指導に生かせるように話合いを深めてください。

　青色の用紙に, 自分が考える「具体的な取組」を1つと, なぜそれに取り組むのかの理由を記入してください。

　時間は2分間です。

※以下の設定の同問題である。

　中高共通の設定…2年生の担任

　養護教諭の設定…養護教諭

# 2017年度　面接実施問題

## 新潟県

◆実技試験(1・2次試験)

▼小学校全科

【課題1】

□ボール投げ(15m)

　15m先の検査員に向かってボールを3回投げる。

※基本的なオーバースローの動作を見る。

※1回練習あり。

※ボールは野球ボールくらいの大きさの柔らかいもので行った。

□マット運動

　側方倒立回転→倒立前転→伸膝後転

※1回練習あり。

□水泳(25m)

　泳法は，クロール・平泳ぎから1種目選択。

※水中からスタートする。

【課題2】

□歌唱

　小学校学習指導要領に示された第4・5・6学年の歌唱の共通教材の中から当日指定する1曲を，CD伴奏に合わせて歌唱する。

※歌詞つきの楽譜は，検査員が用意する。

□ピアノ伴奏

　小学校学習指導要領に示された第4・5・6学年の歌唱の共通教材の中から1曲を選び，ピアノ伴奏をする。

※伴奏譜を2部用意し，当日1部を検査員に提出する。

・体育課題を行う際には，あいさつや礼などをする決まりはなかった

が，自分はなるべく大きな声でしっかりあいさつをするようにした。
・水泳課題では，けのびや息継ぎなどをしっかり見せたほうがよい。
・歌唱課題について，例年は1番のみの実施であったが，今年は2番の出だし部分までの実施であった。ピアノ伴奏課題では，1番のみの実施であった。
・伴奏譜は風で飛びそうになるため，あらかじめ裏に厚紙を貼っておくなど準備しておくとよい。


▼中学家庭
【課題】
□当日，課題を提示


▼中学音楽
【課題1】
□平成28年度用文部科学省検定済教科書中学校音楽科用に掲載されている「赤とんぼ」「花の街」「夏の思い出」「浜辺の歌」「荒城の月」「花」「早春賦」の中から当日指定する1曲を，ピアノ伴奏をしながら歌唱する。
※楽譜は当日指定したものを使用
【課題2】
□アルトリコーダーによる視奏をする。
※曲は当日指定


▼中学保体
【課題1】
□ダンス(創作ダンス)
□柔道又は剣道から1種目選択
【課題2】
□マット運動
□ハードル走

□水泳
□バスケットボール又はバレーボールから1種目選択
※指定課題は以上の中から当日指定する3種目を実施。

▼中学美術
【課題】
□当日，課題を提示

▼中学技術
【課題】
□当日，課題を提示

▼高校保体
【課題1】
□マット運動
□ハードル走
□水泳
【課題2】
□バスケットボール又はバレーボールから1種目選択
□柔道・剣道・ダンス(創作ダンス)から1種目選択

▼中高英語
【課題】
□英語によるオーラルプレゼンテーション
　当日与えられた文章の音読，質疑応答など

▼特別支援
【課題1】
□ボール投げ
□マット運動

□水泳(25m)

　泳法は，クロール・平泳ぎから1種目選択。

【課題2】

□歌唱

　小学校学習指導要領に示された第4・5・6学年の歌唱の共通教材の中から当日指定する1曲を，CD伴奏に合わせて歌唱する。

※歌詞つきの楽譜は，検査員が用意する。


◆模擬授業(2次試験)　面接官2人　受験者1人　10分(構想2分)

※事前に用意した教材，指導案等を検査室に持ち込むことはできない。

※面接官を児童に見立てて授業を行う。必要があれば，黒板や定規を用いても構わない。

▼小学校教諭

【課題】

□あなたは，2年生の担任です。国語の時間に「手紙で知らせよう」の学習をします。本時は，単元の導入で，「だれに」「何を知らせるか」を考えさせ，知らせたいことを分かりやすく書く意欲を高めます。あなたは，どのように授業を行いますか。

□あなたは，2年生の担任です。国語の時間に「できるようになったことを家ぞくにつたえよう」の学習をします。本時は，「始め－中－終わり」の簡単な作文メモをつくる活動を行います。あなたは，どのように授業を行いますか。

□あなたは，4年生の担任です。社会の時間に「くらしを支える水」の学習をします。本時は，生活の中で多く使われる水がどのようにしてつくられているか，浄水場見学をとおして調べたことをまとめます。あなたは，どのように授業を行いますか。

□あなたは，5年生の担任です。算数の時間に「分数のたし算」の学習をします。本時は，下の課題で，児童に計算の仕方を考えさせます。あなたは，どのように授業を行いますか。

⑦の入れ物に$\frac{1}{2}$L，④の入れ物に$\frac{1}{3}$Lのジュースが入っています。全部で何Lですか。

□あなたは，5年生の担任です。算数の時間に「分数のひき算」の学習をします。本時は，下の課題で，児童に計算の仕方を考えさせます。あなたは，どのように授業を行いますか。

⑦の入れ物に$\frac{1}{2}$L，④の入れ物に$\frac{1}{3}$Lのジュースが入っています。ちがいは何Lですか。

□あなたは，3年生の担任です。理科の時間に「ゴムのはたらき」の学習をします。前時に下の図にあるゴムの力で動く車と発射台を作り，自由に走らせる活動をしました。本時はゴムを伸ばす長さを変えて車の走り方を調べる実験計画を立てさせます。あなたは，どのように授業を行いますか。

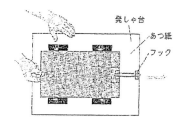

・児童役は終始私語をしており，また，揺さぶるような質問を多くしてきた。

・今年でいう浄水場見学といった見学に関連する課題は例年出ているので，気をつけておきたい。


▼中学国語

【課題】

□中学校一年生で，作文の授業を行うこととし，次の課題を準備しました。

鑑賞文を書く

「美術館で見た絵画」についての鑑賞文を書きます。

作品の写真と一緒に鑑賞文を掲示します。

鑑賞文は，廊下に掲示し，学年の生徒が読めるようにします。

□中学校一年生で，作文の授業を行うこととし，次の課題を準備しました。

案内文を作る

九月に行う「体育祭」の案内文を作ります。

美術部が作成したポスターと一緒に配布します。

案内文は，学区全戸に回覧します。

□中学校一年生で，作文の授業を行うこととし，次の課題を準備しました。

本のキャッチコピーを作る

「自分のお気に入りの一冊」のキャッチコピーを作ります。

本の帯の部分に使います。

本とともに学校の図書館に展示し，全校生徒が読めるようにします。

▼中学数学

【課題】

□3年生の「式の展開と因数分解」の単元で，「連続する2つの偶数の積に1をたすと，奇数の2乗になる」ことを，文字を用いて説明できるように指導します。

□2年生の「基本的な平面図形と平行線の性質」の単元です。$n$角形の内角の和が，「$180° \times (n-2)$」で求められることを理解できるように指導します。

□3年生の「式の展開と因数分解」の単元です。「$x^2 - a^2 = (x+a)(x-a)$」の因数分解の公式を理解できるように指導します。

▼中学社会

【課題】

□地理的分野の学習「世界の様々な地域」において，世界各地の人々の生活の様子とその変容を取り上げ，世界の人々の生活や環境の多様性を理解させるための授業を行います。

□歴史的分野の学習「近世の日本」において，鎖国下の対外関係を取り上げ，統制の中にも交易や交流が見られたことを理解させるための授業を行います。

□公民的分野の学習「私たちと経済」において，価格の働きに着目させて市場経済の基本的な考え方について理解させるための授業を行います。

▼中学理科
【課題】

□2年生の「化学変化」において，単元「酸化と還元」の授業を行います。酸化についての実験を行い，酸化とは物質と酸素が結びつくこと，反応前とは異なる物質ができることを見いださせます。

□1年生の「植物の体のつくりと働き」において，単元「葉・茎・根のつくりと働き」の授業を行います。光合成についての観察，実験を行い，光合成は光のエネルギーを利用して，二酸化炭素と水からデンプンなどの有機物と酸素を生じる反応であることを理解させます。

□3年生の「天体の動きと地球の自転・公転」において，単元「太陽の日周運動」の授業を行います。太陽の日周運動の観察を行い，太陽の日周運動を地球の自転と関連付けて理解させます。

▼中学英語
【課題】

□この単元では動詞の過去形を学習します。単元の学習到達目標は「過去の出来事について話したり，聞いたりすることができる」です。

"I went to Kyoto last week." などの文構造の学習は既に終わっており，本時は，学習内容の活用を図る言語活動を行います。

□この単元では助動詞のmustを学習します。単元の学習到達目標は「学校や社会の決まりごとについて伝えたり，たずねたりすること

ができる」です。

　　"We must wear a school uniform at school." のような文構造の学習は既に終わっており，本時は，学習内容の活用を図る言語活動を行います。

□この単元では未来を表す表現を学習します。単元の学習到達目標は「休暇や週末の予定について，伝えたりたずねたりすることができる」です。

　　"I am going to watch movies this weekend." などの文構造の学習は既に終わっており，本時は，学習内容の活用を図る言語活動を行います。

※授業はすべて英語で行うこと。

▼中学技術

【課題】

□1年生の「材料と加工に関する技術」の授業です。構想の表示方法を知り，製作図をかけるようになることを目標に，「キャビネット図・等角図のかき方」について指導します。このとき，あなたなら，どのような授業を行いますか。

▼中学家庭

【課題】

□「日常食の献立と食品の選び方」の学習です。中学生の1日に必要な食品の種類と概量についての授業を行います。生徒一人一人が食べた朝食と給食に応じた望ましい夕食の献立を考えさせます。今日の給食の献立を，ポークカレー，海藻サラダ，牛乳とします。

▼中学音楽

【課題】

□2年生の「拍子や強弱の変化を生かした表現を工夫しよう」という題材の授業を行います。歌唱教材は「早春賦」とします。なお，指

揮法を取り入れた表現の工夫をしながら歌うこととします。このとき，あなたならどのような指導を行いますか。

□3年生の「情景を思い浮かべながら，強弱を生かした表現を工夫しよう」という題材の授業を行います。歌唱教材は「花」とします。なお，旋律にある16分休符を活かした歌い方の工夫を中心に，指導を行うこととします。このとき，あなたならどのような指導を行いますか。

▼中学保体
【課題】
□保健の授業で，心身の機能の発達と心の健康について学習します。このとき，精神機能の発達と自己形成について，あなたはどのように指導しますか。
□体育の授業で，文化としてのスポーツの意義について学習します。このとき，国際的なスポーツ大会などが果たす文化的な意義や役割について，あなたはどのように指導しますか。

▼中学美術
【課題】
□中学校1年の題材「思いやりをかたちにするユニバーサルデザイン」の学習です。生徒は，総合的な学習の時間に，体の不自由な方や高齢者の方との交流をとおして福祉を学んでいます。本時は，あなたが勤務する中学校に来校された方が，誰も迷うことがないような「表示」のデザインを考えます。

▼高校国語
【課題】
□「国語総合」の授業で，「唐詩」を読み味わうことを目標に，次の漢詩を教材にして，授業を行うことにしました。このとき，あなたなら，どのように指導しますか。

春望　　　　　　　　　　　杜甫

国破(レ)山河在(リ)
城春(ニシテ)草木深(シ)
感(ジテハ)時(ニ)花(ニモ)濺(ソソギ)涙(ヲ)
恨(ンデハ)別(レヲ)鳥(ニモ)驚(カス)心(ヲ)
烽火(ほう くわ)連(ナリ)三月(さん げつ)一
家書抵(ア タル)万金(ニ)一
白頭掻(かケバ)更(ニ)短(ク)
渾(すべテ)欲(ス)不(レ)勝(たへ)簪(しん ニ)

□「国語総合」の授業で,「唐詩」を読み味わうことを目標に,次の漢詩を教材にして,授業を行うことにしました。このとき,あなたなら,どのように指導しますか。

静夜思　李白

牀前看月光
疑是地上霜
挙頭望山月
低頭思故郷

▼高校数学
【課題】
□「数学Ⅰ」の「2次関数」の授業で，「定義域に制限がある2次関数の最大と最小」について学習することにしました。このとき，あなたならどのように指導しますか。
□「数学Ⅱ」の「図形と方程式」の授業で，「円と直線の共有点」について学習することにしました。このとき，あなたならどのように指導しますか。

▼高校歴史
【課題】
□「世界史B」の「南アジア世界・東南アジア世界」の授業で，「統一国家成立までの古代インド」について学習することにしました。このとき，あなたならどのように指導しますか。
□「日本史B」の授業で，「日明貿易」について学習することにしました。このとき，あなたならどのように指導しますか。

▼高校公民
【課題】

□「倫理」の授業で，デカルトの「方法的懐疑」について学習することにしました。このとき，あなたならどのように指導しますか。

□「政治・経済」の授業で，「外国為替市場の仕組みと円高・円安」について学習することにしました。このとき，あなたならどのように指導しますか。

▼高校物理
【課題】
□「物理」の「万有引力」の授業で，「ケプラーの法則」について学習することにしました。このとき，あなたならどのように指導しますか。

▼高校英語
【課題】
□「コミュニケーション英語Ⅰ」の授業で，次の英文を用いて，言語活動を行うことにします。この授業では，内容についてペアやグループで話し合うことをねらいとしています。このとき，あなたならどのように指導しますか。

It is said that scientists can develop robots which can do various jobs in place of humans. In the future, human teachers will not be necessary any more at school because there will be teaching robots instead.

□「コミュニケーション英語Ⅰ」の授業で，次の英文を用いて，言語活動を行うことにします。この授業では，2人の意見についてペアやグループで話し合うことをねらいとしています。このとき，あなたならどのように指導しますか。

A: I would rather wear a school uniform than wear my own clothes at school. But our school doesn't have a school uniform and allows us to dress ourselves freely.

B: Well, I like to dress myself freely, because I am old enough to decide what to wear on my own.

▼高校保体

【課題】

□「保健」の「応急手当」の授業で,「熱中症の応急手当」について学習することにしました。このとき,あなたならどのように指導しますか。

▼高校機械

【課題】

□「機械設計」の授業で,「力のなす仕事」について学習することにしました。このとき,あなたならどのように指導しますか。

▼高校建築・デザイン

【課題】

□「デザイン材料」の授業で,次の図を用いて,「継手と仕口」について学習することにしました。このとき,あなたならどのように指導しますか。

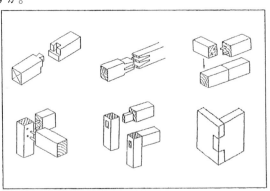

▼高校農業

【課題】

□「農業と環境」の授業で,「都市緑化の必要性」について学習することにしました。このとき,あなたならどのように指導しますか。

▼特別支援

【課題】

□あなたは，知的障害特別支援学校小学部2年生5人の児童による生活単元学習を，2人の教師で担当しています。9月の生活単元学習は，「電車に乗って出かけよう」です。導入段階で，児童に期待感と見通しをもたせるために，あなたはメインティーチャーとしてどのような授業を行いますか。

□あなたは，知的障害特別支援学校小学部5年生5人の児童による生活単元学習を，2人の教師で担当しています。9月の生活単元学習は，「電車に乗って出かけよう」です。1度乗車した経験を基に，次回は一人で乗れるようになることをねらいます。あなたはメインティーチャーとしてどのような授業を行いますか。

□あなたは，知的障害特別支援学校中学部2年生6人の生徒による生活単元学習を，2人の教師で担当しています。9月の生活単元学習は，「劇の発表会をしよう」です。導入段階で，生徒に劇の発表会への見通しをもたせ，期待感を高めることができるように，あなたはメインティーチャーとして，どのような授業を行いますか。

□あなたは，知的障害特別支援学校中学部2年生6人の生徒による生活単元学習を，2人の教師で担当しています。9月の生活単元学習は，「劇の発表会をしよう」に取り組み，次週に発表会を行う予定です。これから1週間，よりよい劇にすることを意識させ期待感を高めるために，あなたはメインティーチャーとして，どのような授業を行いますか。

□あなたは，知的障害特別支援学校高等部3年生の企業就労を目指す15人の生徒による作業学習を，2人の教師で担当しています。来週から始まる2週間の現場実習の事前学習を行います。生徒が現場実習に意欲的に取り組み，充実した実習にするために，あなたはメインティーチャーとしてどのような授業を行いますか。

□あなたは，知的障害特別支援学校高等部3年生の企業就労を目指す15人の生徒による作業学習を，2人の教師で担当しています。9月か

らの後期の現場実習に当たり，前期の現場実習を振り返り，後期実習への意欲を喚起する授業を行います。あなたはメインティーチャーとして，どのような授業を行いますか。

▼養護教諭

【課題】

□小学校4年「育ちゆく体とわたし」の単元です。身長の伸び方について取り上げ，体の発育・発達には個人差があることについて理解させる授業を行います。

□小学校6年「病気の予防」の単元です。身近な病気であるかぜを取り上げ，病気は様々な要因がかかわり合って起こることを理解させる授業を行います。

□中学校2年「傷害の防止」において，応急手当の方法に止血の実習を取り入れ，適切な応急手当が傷害の悪化を防ぐことを理解させる授業を行います。

□中学校3年「健康な生活と疾病の予防」の学習です。生活習慣病を取り上げ，病気の予防には，様々な面において調和のとれた生活を送ることが必要であることを理解させる授業を行います。

▼栄養教諭

【課題】

□中学校3年保健体育「健康な生活と疾病の予防」の学習です。生徒の休日の食生活を取り上げ，毎日，適切な時間に食事をすること，年齢や運動量に応じた栄養素のバランスや食事量に配慮することを理解させる授業を行います。

◆個人面接Ⅰ(2次試験)　面接官2人　受験者1人　5分

※個人面接Ⅰでは，与えられた課題の模擬授業及び場面指導を実施。

〈場面指導〉

▼小学校全科
【課題】

□あなたは，3年生の担任になりました。体育の授業で全員リレーの練習をした後の休み時間に，Aさんが泣いていました。Aさんに理由を聞くと，「青チームが負けたのは，私が転んだからだってBさんに怒られたの。」と言います。近くにいたBさんは，「私，怒ってないし。」とつぶやきました。すると，「私のせいだって言ったでしょ。」とAさんは，泣きながら言い返します。このとき，あなたは学級担任として，この後，二人にどのような指導をしますか。Aさんに話を聞くところから始めてください。

□あなたは，4年生の担任になりました。授業中，Aさんは勝手に立って，Bさんの席に行っておしゃべりを始めました。BさんもAさんを注意せず，しゃべっています。あなたは，AさんとBさんにおしゃべりをやめること，Aさんに席に戻ることを指示しました。しかし，Aさんは，「Bさんに教えてもらっているのです。」と言います。Bさんも，「一緒に勉強しているのだからいいと思います。」と言って，指示に従いません。このとき，あなたは学級担任として，二人にどのような指導をしますか。Aさんに席に戻るように指示するところから始めてください。

□あなたは，2年生の担任になりました。朝，教室に行くと，モルモットの飼育ケージの前でAさんとBさんがモルモットの世話について口論しています。Aさんは，「今日は私の当番なんだから，Bちゃんはお世話しなくていいんだよ。」と言います。Bさんは，「でも，私，モルちゃんが好きだからお世話したいんだもん。」と言って，引き下がりません。このとき，あなたは学級担任として，二人にどのような指導をしますか。二人に近付くところから始めてください。

□あなたは，6年生の担任になりました。昼休み後の体育館に転がっていたボールが，あなたのクラスの物でした。そのボールを持って教室に行き，後片付けの様子について尋ねました。すると，Aさんが，「最後にボールを触った人が片付けるルールになっています。

最後に触ったのはBさんなので，片付けるのはBさんです。」と言いました。Bさんは，「そんなルールは知りません。勝手にAさんが決めたんです。」と，言い返しました。このとき，あなたは学級担任として，二人にどのような指導をしますか。落ちていたボールについて，先生が尋ねるところから始めてください。

□あなたは，5年生の担任になりました。清掃の時間，教室に行くと，AさんがBさんを連れて，あなたの所にやって来て，「先生，Bさんは全然清掃をしません。注意してください。」と言いました。すると，Bさんは，「だって僕は潔癖性だから汚い雑巾なんて触れないんだよ。お母さんも雑巾はしなくていいって言ったんだよ。」と興奮しています。でも，Aさんは，「清掃は，みんなで協力してやりなさいって先生が言ったでしょ。だからしっかりやってよ。」と，さらに大声で言っています。Bさんは，「だって……」としか言いません。このとき，あなたは学級担任として，二人にどのような指導をしますか。二人の言い分を聞くところから，始めてください。

□あなたは，3年生の担任になりました。昼休みにグラウンドに行くと，Aさんがやって来て，「先生，Bさんがサッカーの仲間に入れてくれません。注意してください。」と言いました。すると，Bさんがやって来て，「Aさんは，2年生のとき鬼ごっこに入れてくれなかったんだよ。Aさんが先に仲間外しをしたんだから，Aさんが悪いんだよね。」と大声で訴えます。Aさんは，「違うよ。Bさんが意地悪なんだよ。」と大声を出していると，周囲の仲間たちが集まってきて，騒然となってしまいました。このとき，あなたは学級担任として，二人にどのような指導をしますか。Aさんの話を聞くところから，始めてください。

※面接官が児童役をする。

・児童役が様々なことを話してきてトラブルが解決することはなかったが，良くないことは良くないと伝えることが大事だと思う。

▼中学教諭

【課題】

□終学活が終わり，帰り支度をしていたAさんが近づいてきて，「鞄の中に入れていたスマートフォンがなくなりました。あの男子グループがニヤニヤしてこっちを見ていたので，あの人たちがあやしいと思います。何とかしてください。」と訴えました。すると，そのグループのBさんが，「俺たちを犯人扱いするのかよ。学校にスマホを持ってくるのが悪い。」と言い返してきました。Aさんは，「先生，何とかしてください。」と言って，目に涙を浮かべています。このとき，あなたは学級担任として，どのように対応しますか。Aに話しかけるところから始めてください。

□体育祭の学級対抗リレーは，クラス全員が100メートルずつ走り学年で競います。学活の時間に，その走る順番を学級で決めていたとき，Aさんが，「走る順番を考えたところで，うちのクラスにはBがいるし，勝てっこないよ。」と言いました。すると，走るのが苦手なBさんは，「どうせ走るのが嫌だったし，みんなに迷惑をかけてしまうから，体育祭の日，休もうかな。」と言いました。このとき，あなたは学級担任として，どのように対応しますか。AとBの発言が終わったところから始めてください。

□明日は，中学校最後の合唱コンクールです。放課後の合唱練習が終わろうとした時に，あなたの学級の指揮者のAさんが，「こんな合唱じゃあ，最優秀賞なんかとれないし，2年生にも負けちゃう。みんな残って練習を続けよう。」と声をかけました。すると，Bさんを中心にしたグループが，「予定された練習時間，もう終わりだろ。仲間とゲームする約束しているし，もう帰っていいですよね，先生。」と同意を求めてきました。このとき，あなたは3年生の学級担任として，どのように対応しますか。同意を求めてきたBに答えるところから始めてください。

□授業中に生徒が課題に取り組んでいる間，あなたは，生徒個々の取組の様子を確認したり，分からないところを支援したりしていまし

た。すると，Aさんが課題に何も取り組まず，本を読んでいる姿が目に入りました。あなたが近づいて注意すると，Aさんは，「もう少しで読み終わるので，もうちょっと待って。」と言って本を読み続けました。隣のBさんがあなたの方を向いて，「人に迷惑をかけていないので，そっとしておいていいんじゃない。」と言いました。このとき，あなたは教科担任として，どのように対応しますか。近づいてきたところから始めてください。

□あなたが担任をする3学年の学級では，放課後，卒業アルバム委員が残り，学級のページの写真の選定をしていました。Aさんが，「私この写真，気に入らない。こっちに替えてよ。」と，Aさんが大きく写っている写真を差し出しました。すると，Bさんが，「このままでいいと思うよ。クラス全員がページにおさまっているし。もう早く終わりにして帰ろうよ。」と言いました。Aさんは，「私は，絶対替えてほしい。卒業アルバムは一生の宝物だし。私の気持ちも考えてよ。」と言いました。このとき，あなたは学級担任として，どのように対応しますか。Aが言い終わったところから始めてください。

※面接官が生徒AとBの役をする。


▼高校教諭
【課題】
□あなたが担当する授業で，グループ学習をさせていたところ，生徒Aが授業とは関係のない本を読みふけり，グループ内のメンバーと協働して学ぶ意欲や態度を示していません。本を片付けるよう注意をしたところ，Aは「みんなと話し合いをしながら勉強をするのは，時間の無駄だと思います。自分一人で十分学習できます。」と言いました。このあと，あなたは生徒Aにどのような指導を行いますか。

□あなたが授業をしていると，生徒Aが机上でスマートフォンの画面を見ていました。あなたの学校では，授業中にスマートフォンを使うことは禁止されています。そこであなたがスマートフォンを片付けるよう注意したところ，生徒Aは「ICTの活用はこれからの時代

に大切なことだと先生は言っていたのに，なぜ授業内容について，スマートフォンで調べては，いけないのですか。」と言って使用をやめませんでした。このあと，あなたは生徒Aにどのような指導を行いますか。

□あなたが授業時間に校内を巡回していたら，生徒Aが体育の授業に出ずに，空き教室で他の教科の勉強をしていました。授業に出るよう促すと，「体育の出席時数は足りているから大丈夫です。」と答え，授業に出ようとしません。このあと，あなたは生徒Aにどのような指導を行いますか。

□あなたが担任するクラスの生徒Aは，自転車で通学していますが，自分の自転車を指定された駐輪場所ではない生徒玄関脇に頻繁に停めています。このことについて休み時間，教室で生徒Aに注意したところ，生徒Aは，「自転車を停めるスペースがあるんだし，誰にも迷惑をかけていなければ，停めてもいいんじゃないでしょうか。」と言いました。このとき，あなたは生徒Aにどのような指導を行いますか。

※面接官を生徒Aであると想定して指導する。

▼特別支援
【課題】
□あなたは，小学部5年生の担任です。IQが50程度で表出言語の乏しいAさんは，個別の活動には意欲的に取り組みますが，集団での活動には消極的です。ある日の体育は，2チームに分かれてボール運びリレーを行う学習です。授業が始まる直前に，Aさんは体育館の入口で座り込んでしまいました。Bさんが，「一緒にやろうよ。」と誘いますが，Aさんはうつむいたまま動こうとしません。すると，Bさんは担任に，「せっかく誘っているのにAさんが無視している。」と訴えに来ました。担任として対応してください。

□あなたは，中学部1年生の担任です。IQが70程度でダウン症候群のAさんは，友達のことが気になり，すぐにお節介をやいてしまいます。

ある日，家庭科でみそ汁作りの実習を行っているときのことです。Aさんは，取り掛かりの遅いBさんの所へ行き，「私がやってあげる。」と言って，Bさんの持っているお玉杓子を取り上げ，代わりに作ろうとし始めました。Bさんは「私がやる。」と言いますが，聞き入れようとせず，お玉杓子の取り合いになりました。担任として対応してください。

□あなたは，高等部2年生の担任です。ADHDで不注意傾向のあるAさんは，説明を聞く場面になると，すぐに手いたずらをしてしまい，話を聞き逃してしまいがちです。現場実習を目前にしたある日，説明を聞く活動の途中で，Aさんはまた手いたずらを始めました。横に座っていたBさんが，「話を聞いて。」と小声で注意しました。Aさんは，その時は止めるものの，すぐに手いたずらを始めてしまい，しまいには2人の言い争いが始まりました。担任として対応してください。

□あなたは，小学部6年生の担任です。IQが60程度でこだわりの強いAさんは，友達を繰り返しからかうことがあります。ある日，休憩時間に友達のBさんと，動物のぬいぐるみ集めの話題になりました。話の途中，AさんがBさんに向かって，「Bさんが集めているのは，幼稚園の子どもみたい。」とからかい始めました。それを聞いたBさんは，「別にいいでしょ。」と同意を求めるように，担任を見ています。Aさんは，更に追い打ちをかけるように，からかうことを止めません。Bさんはついに顔を赤らめてうつむき，涙ぐんでしまいました。担任として対応してください。

□あなたは，小学部2年生の担任です。IQが40程度でルールの理解が不十分なAさんは，活動に夢中になると順番を守れなくなることがあります。ある日の音楽の時間のことです。友達とペアになり，順番に太鼓を叩く活動を行うことになりました。Aさんは交代の合図が出たことなど構わずに，夢中で叩いています。ペアのBさんは，「早く代わってよ。」と繰り返し言いますが，聞き入れようとしません。ついにBさんは，あきらめて座り込んでしまいました。担任と

して対応してください。

□あなたは，高等部3年生の担任です。IQが80程度でダウン症候群のA
　さんは，作業への取り掛かりは良いものの，根気がなく，すぐに活
　動の手を止めてしまいます。ある日，作業学習で二人一組となり，
　一人が製品を袋に入れる仕事，もう一人がそれを受けとってリボン
　でしばる仕事を行うことになりました。Aさんは，作業開始から間
　もなく手を止めてしまいました。リボン担当のBさんは，仕事が滞
　るので何度もAさんに注意をしています。しかし，変わらない態度
　にとうとうBさんは怒り始めました。担任として対応してください。
※面接官がAさん，Bさんの役をする。


▼養護教諭
【課題】
□小学1年生のAさんが，休憩時間に大声で泣きながら，同じクラスの
　Bさんに付き添われて来室しました。見たところ，大きなけがはし
　ていないようです。この状況で，あなたは養護教諭としてどのよう
　に対応しますか。Aさんに泣いている理由を聞くところから始めて
　ください。

□小学5年生のAさんが，お腹が痛いので水泳の授業を休みたいと言っ
　て来室してきました。普段から元気にしているAさんなので，担任
　からは，大丈夫なら水泳をさせたいとの話がありました。この状況
　で，あなたは養護教諭としてどのように対応しますか。Aさんに話
　を聞くところから始めてください。

□中学2年のAさんは，ここ1か月ほど毎日のように体の不調を訴え，
　保健室にたびたび来ています。今日も，昼休みの後半頃に，頭痛を
　訴えて来室しました。一応熱を測りましたが，熱は高くありません。
　この状況で，あなたは養護教諭としてどのように対応しますか。A
　さんに声をかけるところから始めてください。

□もうすぐ学年一斉下校という頃，小学3年生のAさんが，同じクラス
　のBさんに付き添われて来室しました。Aさんは泣きながら肘を押

さえています。だいぶ腫れています。この状況で，あなたは養護教
諭としてどのように対応しますか。Aさんに話しかけるところから
始めてください。

※面接官が児童生徒役をする。


◆個人面接Ⅱ(2次試験)　面接官2人　25分
　▼小学校教諭
【質問内容】
□あなたの出身地の魅力はなにか。
□教員を目指すことになったきっかけはなにか。
□自己PRをしなさい。
□あなたの長所では対応しきれない問題が生じた場合，どうするか。
□教育現場に勤める際，難しいと思うことはなにか。
□クラスを担任する場合に，大事にしたいことはなにか。
□通常学級には，特別支援学級に在籍するような子がいる場合がある。
　そのとき，どうするか。


## 新潟市

◆模擬授業(1次試験)　面接官2人　受験者1人　15分
　※必要があれば，黒板を用いても構わない。
　▼小学校全科
【課題】
□〈授業のねらい〉
表現技法に着目しながら，詩に描かれている情景を想像できる
〈教材となる詩〉
水のこころ　　高田敏子
水は　つかめません
水は　すくうのです

214

指をぴったりつけて
そおっと　大切に―
水は　つかめません
水は　つつむのです
二つの手の中に
そおっと　大切に―
水のこころ　も
人のこころ　も

・なお，児童は既に詩を読んで感じたことや思ったことをノートにまとめています。
・児童に詩を読んで感じたことや思ったことをノートにまとめさせた後の場面から授業を行います。


▼中高国語
【課題】
□中学校　第3学年　国語
〈授業のねらい〉
言葉や表現に即して情景や心情を想像する
〈教材となる俳句〉
　　分け入つても分け入つても青い山　　　種田山頭火
・なお，生徒は俳句を音読できるようになっています。
・生徒が音読を終えた場面からの授業を行います。


▼中高数学
【課題】
□中学校2年生で，一次関数の値の変化について学習します。
〈授業のねらい〉
　式や表をもとに$x$の増加量に対する$y$の増加量の割合を考察し，その割合が，つねに$y＝ax＋b$の$a$の値と等しくなることを説明できる。
〈教材となる問題〉

　一次関数$y=2x+1$で，$x$の値が5から9まで変わるとき，$y$の増加量は，$x$の増加量の何倍になるでしょうか。

・この問題を提示するところから授業を行います。


▼中高社会

【課題】

□中学校社会科地理的分野の授業で，日本の諸地域「東北地方」について学習します。

〈授業のねらい〉

　東北地方の地域的特色を，東北三大祭りと関連させて説明することができる。

〈教材となる資料〉

　教材となる資料は，プリントのとおりです。

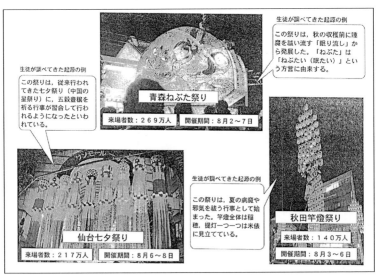

・生徒は，それぞれの祭りの起源を調べてきています。

・生徒が調べてきた起源や，それぞれの祭りのデータを生かして，学習課題を設定するところから授業を行ってください。

▼中高理科

【課題】

□中学校2年生の理科の授業で，回路を流れる電流について学習します。

〈授業のねらい〉

　乾電池と豆電球1個の回路を流れる電流の大きさを測定する実験を通して，豆電球を通る前と後で電流の大きさは変わらないことを見いだす。

・豆電球が点灯している回路を，実際に，生徒に提示するところから授業を始めます。

▼中高英語

【課題】

□中学校2年生の英語の授業で，読むことについて学習します。

〈授業のねらい〉

　説明文の要点を正確に読み取ることができる。

・次のような活動を行います。

　資料『オリンピック』に関するテキストを読み，資料下部のTaskのように読んだことを表にまとめる活動。

・この教材の導入・課題提示のところから授業を行います。なお，新出の語句は確認済みです。

Let's Read!

「オリンピック」についての記事を読んで，下のTaskを行おう。

The Olympics

　What do you know about the Olympics?

　The first Olympics were held by Mr. Pierre in Athens in 1896. He was interested in the ancient Olympics. Only 14 countries took part in these Olympics.

　Now, many people from over 200 countries join the Olympics. The

Olympics play an important role for a peaceful society.

Task：第1回と現在のオリンピックについて，分かったことを表にまとめなさい。

| | 参加国数 | 開催理由等 |
|---|---|---|
| 第１回　　（　　　　年・開催地　　　　） | | |
| 現　　在 | | |

▼中高家庭

【課題】

□中学校家庭の授業で，「住居の機能と住まい方」について学習します。

〈授業のねらい〉

　家族が安全に住むために，住まいの問題点を見つけ，家庭内事故防止対策を考えることができる。

・生徒には，住まいの内部の分かるイラストを提示しました。

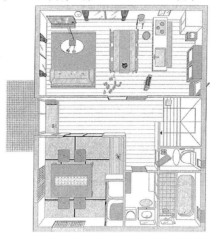

・生徒は，すでに事故につながるこの住まいの問題点について自分の考えをもっています。

・生徒の考えを引き出すところから授業を行ってください。


▼中高音楽

【課題】

□中学校の音楽の授業で「夏の思い出」の歌唱表現について学習します。

〈授業のねらい〉

　言葉の抑揚やリズムと旋律のかかわりを生かして歌う。

・生徒は，既に音がとれて歌えるようになっています。次の活動を行います。

　一段目と四段目の「はるかなおぜ　とおいそら」を歌い比べてみよう。

・目の前に生徒がいると思って，この活動から授業を行ってください。


▼中高保体

【課題】

□中学校3年生の保健体育の保健分野の授業で，食生活と健康について学習します。

〈授業のねらい〉

　毎日の食生活は健康に深くかかわっていることや，食事の時間，栄養素のバランス，食事の量に配慮することが大切であることを理解できる。

・次の問いかけをしたところ，2人の生徒が次のようにつぶやきました。

〈問いかけ〉

　健康によい食事をするために，みなさんは普段どのようなことに気を付けていますか。

〜生徒のつぶやき〜

生徒1「やっぱり大事なのは，朝ご飯をしっかり食べることだよね。」
生徒2「最近，部活動を引退してから体重が少し増えてきたな。」
・この2人のつぶやきをきっかけとして授業を行ってください。


▼中学技術
【課題】
□中学校技術分野の材料と加工に関する技術の授業で，「材料と加工
　に関する技術を利用した製作品の製作」について学習します。
〈授業のねらい〉
　さしがねを正しい方法に基づいて適切に使用することができる。
・次のような工程です。
　さしがねを用いて，木材にけがきをする。
・授業でさしがねを用いるのは初めてです。
・さしがねを提示する場面から授業を始めます。


▼特別支援
【課題】
□知的障がい特別支援学校小学部1・2年生の遊びの指導で，「鬼ごっ
　こをしよう」に取り組みます。
〈授業のねらい〉
　ルールを理解して友達を追いかけたり，友達につかまらないように
逃げたりして，鬼ごっこを楽しむ。
〈「鬼ごっこ」のルール〉
　鬼は目印として鬼の帽子をかぶります。鬼につかまった子は，帽子
を受け取り，交代して鬼になります。
・すでに児童は，この環境構成で1時間遊んでいます。本時は2時間目
　です。
・導入から始めてください。

▼養護教諭

【課題】

□中学校3年生の保健体育科の授業で，薬物乱用と健康について学習します。

〈授業のねらい〉

　薬物乱用の怖さを理解し，薬物を誘われた時の対処方法を説明できる。

・資料を生徒に提示します。

・では，目の前に生徒がいると思って，この資料を提示するところから授業を始めてください。

〈資料〉

　警察庁の資料によると，平成27年8月1日からの3ヶ月の間に大麻と危険ドラッグで検挙された30歳未満273人のうち，51人(18.6％)が20歳未満であった。

◆個人面接(1次試験)　面接官2人　受験者1人　20分

　▼特別支援

【質問内容】

□願書をもとにした質問

□あなたの持つ特別支援の専門知識とは，具体的になにか。

・つっこんだ質問が多い印象だったが，知識を問う質問はなされなかった。

◆実技試験(1次試験)

　▼中学家庭

【課題】

□当日，課題を提示する。

▼中高音楽

【課題1】

□平成28年度用文部科学省検定済教科書中学校音楽科用に掲載されている「赤とんぼ」「花の街」「夏の思い出」「浜辺の歌」「荒城の月」「花」「早春賦」の中から当日指定する1曲を，ピアノ伴奏しながら歌唱する。

※楽譜は当日指定したものを使用する。

【課題2】

□アルトリコーダーによる視奏をする。

※曲は当日指定する。


▼中高保体

【課題】

□マット運動

□ハードル走

□ダンス(創作ダンス)

□バスケットボール又はバレーボールから1種目選択

□柔道，剣道から1種目選択


▼中学技術

【課題】

□当日，課題を提示する。


◆適性検査(2次試験)　60分

【検査内容】

□クレペリン検査

◆実技試験(2次試験)
　▼小学校教諭
【課題1】
□鉄棒運動
□表現運動
　題材から表したいイメージをとらえ，即興的な表現や簡単なひとま
とまりの表現で踊る。
□水泳
クロール・平泳ぎ各25m
【課題2】
□ピアノ伴奏
　小学校学習指導要領に示された第4・5・6学年の歌唱の共通教材の
中から1曲を選び，ピアノ伴奏をしながら歌唱する。
※伴奏譜を2部用意し，当日1部を検査員に提出すること。


　▼特別支援
【課題】
□鉄棒運動
　逆上がり→前回り
※施行の機会は2回ある。
□表現運動
　「突然の竜巻」を題材とし，1分構想した後に30秒間踊る。
※縦10m×横10mほどの広さの中で表現する。
□水泳
　クロール又は平泳ぎで25m


　▼養護教諭
【課題】
□救急処置に関する実技
※運動着に着替える必要はない。

◆個人面接A(2次試験)　面接官2人　受験者1人　15分

※場面指導を含む。

▼小学校全科

【場面指導課題】

□あなたは，小学校4年生の担任です。ある朝，クラスのA子の母親から，「娘がクラスのB子とC子からいじめられた。今日は学校を休みたいと言っていたが，なんとか登校させた。」という内容の連絡を受けました。A子は自分勝手な言動が多く，周囲の児童が嫌な思いをする場面が以前から多く見られました。朝の母親の話を受け，A子本人と，かかわった児童の双方に話を聞いたところ，A子は「いじめられた」と言い，かかわった児童は「言い合いにはなったけど，いじめてはいない」と言いました。夕方，突然，A子の母親が「何があったのか聞かせてほしい」と，来校しました。あなたは，担任として，A子の母親に対してどのように対応しますか。面接官をA子の母親だと思って，話してください。

□あなたは，小学校5年生の担任です。あなたのクラスのA男は，休み時間などに他の児童とちょっとしたことで口論になり，つい手を出してしまうことがよくある児童です。ある日もA男が，ついカッとなって他の児童を蹴る場面があったため，あなたはA男を厳しく指導しました。夕方，あなたがA男の母親に電話をし，A男の様子と指導したことを伝え，家庭の協力を依頼したところ，母親から「自分の子に原因があるのではなく，周りの子が悪いからだ。先生の指導の仕方が悪いからだ。」と激しい口調で非難され，電話が切れました。10分ほどすると，突然，母親が来校し，「担任の先生と話がしたい。」と訴えてきました。あなたは，担任として，母親に対してどのように対応しますか。面接官を母親だと思って，話してください。

▼中高全科

【場面指導課題】

□あなたは，中学校2年生の担任です。あなたのクラスのA子は，小学

校のときからわがままで支配的な言動が多く，中学校に入学後も，周りの生徒に嫌な思いをさせることがしばしばありました。いつの間にか，A子は周囲との関わりが薄くなり，2年生の後半に入って孤立状態となってしまいました。あなたはこの状態を改善しようと，学級委員のB子に話をしてみたところ，B子は，「そんなに簡単には解決しないと思います。この間も，A子さんは隣のクラスに行って，『うちのクラス全然面白くない』と大きな声で話していたそうです。」と言いました。この後，あなたは担任として，A子に対してどのように対応しますか。面接官をA子だと考えて，話してください。

□あなたは，中学校3年生の担任です。あなたのクラスのA男について，「他校の生徒と思われる仲間と飲酒している写真がツイッターに載っている」という情報が寄せられました。画像を確認したところ，ビールやチューハイの缶を持つ3人の少年とともに，A男が両手でピースサインをしながら写真に収まっていました。A男はこれまでもしばしばトラブルを起こし，繰り返し指導を受けていますが，指導を素直に受け入れることができず，自分の思いを口にすることも苦手な生徒です。あなたは，事実確認と指導のためにA男と話をすることにしました。面接官をA男だと考えて，話してください。


▼特別支援
【質問内容】
□今までの経験の中で最もつらかったことはなにか。
□不登校の生徒に対して，どうアプローチするか。
□リオオリンピックで印象に残ったことはなにか。
□12か月のうち，自分をたとえるなら何月だと思うか。
※面接官は企業者と教育関係者で構成された。
【場面指導課題】
□あなたは，知的障がい特別支援学校中学部3年生の担任です。あなたの学級のA男の母親が来校し，「先日の授業参観で数学を見せてもらった。うちの子は，プリントの計算問題を電卓を使って解いてい

た。どうして，自分の力で計算させずに安易な方法をとるのか。小学部から今までずっと，指やブロックを使って計算してきた。二桁の筆算もやっとできるようになった。今までのうちの子の努力や，教えてくれた先生方の努力を無駄にする気なんですか。」と訴えてきました。あなたは，担任として，どのように対応しますか。面接官をA男の母親だと思って話してください。

□あなたは，特別支援学校小学部6年生の担任です。あなたの学級のA子が朝から眠そうにしていたため，事情を聞いたところ，以前住んでいたB市の友達数人と，朝までSNSをしていたとのことでした。A子には，SNSを使っていい時間などの約束をして帰したのですが，A子の父親が学校に来て「A子がSNSをしてはいけないと言われたと泣いている。どういうことか。」と，あなたに詰め寄りました。文字を書くことが苦手なA子は，キーボード入力が得意なため，手紙を書くよりもSNSを活用しています。A子には，SNSを使うことのすべてを禁止したわけでなく，使い方の約束をしただけなのですが，A子は納得できずに父親に泣いて話したようです。あなたは，担任としてどう対応しますか。私をA子の父親だと思って話してください。


▼養護教諭
【場面指導課題】
□あなたは，中学校の養護教諭です。3年生のA男は，腹痛で保健室に来室することが多くなっています。保健室に来室し，下痢と腹痛を訴え，休養している間もトイレに何度も行きます。しばらくすると回復し，次の時間から授業に戻ることもあります。今日は定期テストがあり，2限のテストの途中に，A男が先生に断って保健室に来ました。あなたは，養護教諭としてどのように対応しますか。私をA男だと考えて，話してください。

□あなたは，小学校の養護教諭です。6年生のA子は，1か月程前から体調不良で遅刻が増えています。1時間目の途中に登校しても，「気持ちが悪い」と訴え，すぐに保健室に来室することが多くなってき

ました。学級担任は，保護者から「朝になっても起きられなく，頭痛や体のだるさを訴え，朝食もほとんど食べない。でも，午後からは元気になることが多い。」という話を聞いたと言います。あなたは，来室したA子に，養護教諭としてどのように対応しますか。私をA子だと考えて，話してください。


◆個人面接B(2次試験)　面接官2人　受験者1人　20分
　▼特別支援
【質問内容】
□新潟市の図書館教育について
□体力はある方か。
※面接官は教育関係者で構成された。
・全体的に回答しやすい質問がなされた。


◆集団面接(2次試験)　面接官2人　受験者5人　45分
　▼特別支援
【テーマ】
□新潟市における特別支援学級の設置状況を示す資料をもとに，特別
　支援教育の推進について話し合う。
　受験者は，中学校の特別支援学級の担任として研修会に出席しており，面接官は指導主事という設定で実施するものとする。
※挙手制で進行し，発言を行う際は1人1分以内で行う。なお，時間を
　超過した場合は，発言の途中であっても止めるよう求める。
※面接官による論点整理や展開の支援などが行われる。

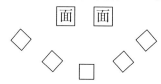

・他の受験者は同僚という設定なので，他者の意見のよい所をみつけ
　つつ，和やかに話し合うよう心がけたい。

# ２０１６年度　面接実施問題

## 新潟県

◆1次試験

〈当日の持参品〉

1　第1次検査受検票

2　受検時に提出する書類

3　筆記用具，直線定規(20cm程度，目盛付)，上履，昼食(午後も検査のある受検者)

4　上記の他，出願校種別に次のものを持参すること。

○中学校教諭

〈数学〉三角定規一組，コンパス

〈理科〉三角定規一組

〈音楽〉アルトリコーダー

〈美術〉三角定規一組，鉛筆(デッサン用)，消しゴム，はさみ，のり，コンパス，カッターナイフ，カッターマット(A4程度)，針がセットされているホッチキス(紙2～3枚を綴じることができるもの)

〈保健体育〉運動着上下，運動靴(屋内用，屋外用)，水着，武道において柔道を選択する者は柔道着，剣道を選択する者は竹刀及び防具。

〈技術〉三角定規一組，コンパス，実技用実習着

〈家庭〉裁縫用具一式(裁ちばさみ，糸切りばさみ，指ぬき，チャコペンシル，へら，まち針，しつけ糸)

○高校教諭

〈数学〉三角定規一組，コンパス

〈保健体育〉運動着上下，運動靴(屋内用，屋外用)，水着，武道において柔道を選択する者は柔道着，剣道を選択する者は竹刀及び防

具。

〈家庭〉裁縫用具一式(裁ちばさみ，糸切りばさみ，指ぬき，チャコペンシル，へら，まち針，しつけ糸)

〈工業(機械，電気，土木)〉関数電卓(ただし，プログラム電卓及びポケットコンピュータは不可)，三角定規一組

〈工業(デザイン)〉関数電卓(ただし，プログラム電卓及びポケットコンピュータは不可)，三角定規一組，コンパス

〈商業〉電卓(ただし，プログラム電卓及びポケットコンピュータは不可)

◆実技試験(1次試験)

▼中高英語

英語によるオーラルプレゼンテーション。

※当日与えられた文章の音読，質疑応答など。

▼中学音楽

【課題1】

□平成27年度用文部科学省検定済教科書中学校音楽科用に記載されている「赤とんぼ」「花の街」「夏の思い出」「浜辺の歌」「荒城の月」「花」「早春賦」の中から当日指定する1曲を，ピアノ伴奏をしながら歌唱する。

※楽譜は当日指定したものを使用する。

【課題2】

□アルトリコーダーによる視奏をする。

※曲は当日指定。

▼中学保体

※計5種目実施。

【必修課題】

□ダンス(創作ダンス)

□柔道又は剣道から1種目選択

【指定課題】

□マット運動

□ハードル走

□水泳

□バスケットボール又はバレーボールから1種目選択

※指定課題は当日指定する3種目を実施。


▼高校保体

※計5種目実施。

【必修課題】

□マット運動

□ハードル走

□水泳

【選択課題】

□バスケットボール又はバレーボールから1種目選択

□柔道・剣道・ダンス(創作ダンス)から1種目選択


▼中学美術

　当日，課題を提示


▼中学技術

　当日，課題を提示


▼中高家庭

　当日，課題を提示

◆個人面接Ⅰ〈模擬授業・場面指導〉(2次試験)

　　与えられた課題の模擬授業及び場面指導を実施。

※模擬授業の課題分野は1次試験実施後，7月下旬に義務教育課及び高等学校教育課のホームページに記載される。場面指導の課題は検査時に提示される。

※事前に用意した教材，指導案等を検査室に持ち込むことはできない。

▼小学校教諭　面接官2人

【模擬授業課題】時間10分

□あなたは，3年生の担任です。国語の時間に「宝物を紹介しよう」の学習をします。本時は，児童が考えた自分の宝物について，スピーチメモの作成に取り組ませます。あなたはどのように授業を行いますか。

　　私たちを児童に見立てて，10分程度で授業を行ってください。必要があれば，黒板を用いても構いません。構想がまとまったら始めてください。

□あなたは，4年生の担任です。国語の時間に「お気に入りの写真のことを話そう」の学習をします。本時は，児童が作成したスピーチメモを基に，発表練習に取り組ませます。あなたは，どのように授業を行いますか。

　　私たちを児童に見立てて，10分程度で授業を行ってください。必要があれば，黒板を用いても構いません。構想がまとまったら始めてください。

□あなたは，5年生の担任です。社会の時間に「日本の地形と気候」の学習をします。本時は，「国土の地形の特色」について調べる計画を立てさせます。あなたは，どのうように授業を行いますか。

　　私たちを児童に見立てて，10分程度で授業を行ってください。必要があれば，黒板を用いても構いません。構想がまとまったら始めてください。

□あなたは，1年生の担任です。算数の時間に「たしざん」の学習を
　します。本時は，下の課題で，児童に加法の計算の仕方を考えさせ
　ます。あなたは，どのように授業を行いますか。
　[　9にんであそんでいました。そこに4にんやってきました。みん
　なでなんにんになったでしょうか。]
　　私たちを児童に見立てて，10分程度で授業を行ってください。必
　要があれば，黒板にブロック図などを書きながら進めても構いませ
　ん。構想がまとまったら始めてください。


・「ブロック図を書いても構いません」ということは書けということ。
・明るく元気な声で，生徒がいることを思い浮かべて，一人一人の顔
　を見て確認しながらやるとよい。


□あなたは，1年生の担任です。算数の時間に「たしざん」の学習を
　します。本時は，下の課題で，児童に加法の計算の仕方を考えさせ
　ます。あなたは，どのように授業を行いますか。
　[　あかいはなが6ぽん，きいろいはなが9ほんさいています。あわ
　せてなんぼんさいているでしょうか。]
　　私たちを児童に見立てて，10分程度で授業を行ってください。必
　要があれば，黒板にブロック図などを書きながら進めても構いませ
　ん。構想がまとまったら始めてください。


□あなたは，6年生の担任です。理科の時間に「土地のつくりと変化」
　の学習をします。本時は，身近な地層がどのようにしてできたかを
　調べるための観察計画を立てさせます。あなたは，どのように授業
　を行いますか。
　　私たちを児童に見立てて，10分程度で授業を行ってください。必
　要があれば，黒板を用いても構いません。構想がまとまったら始め
　てください。

※教科書や教具は一切ない。構想の時間は与えられる。

※試験官は児童役となり，発問に答えたり，様々な反応を示す。一人は「わからない」「覚えていない」など曖昧な発言を，もう一人は勉強した内容を覚えていたり，問に対してしっかりとした受け答えをしていた。ただ，授業に関係のない発言をする場合もある。

・構想は2分間と決まっておらず，「長ければ声をかけます」と試験官から言われた。

【場面指導課題】時間5分

□あなたは，3年生の担任になりました。給食の準備をしている教室に行くと，Aさんが「先生，Bさんが私のデザートを取りました。返してくれません。」と訴えてきました。しかし，Bさんは，「Aさんが僕にくれたのです。」と言っています。

　私たちが，児童役をします。この状況で，あなたは学級担任として，AさんとBさんに対して，どのように対応しますか。Bさんが話し終わったところから，始めてください。

□あなたは，4年生の担任になりました。4月，教室に行くと，AさんがBさんの持ってきた蛍光ペンのセットを指さして，「学校にそういうのを持ってきてはいけないんだよ。3年生の時の約束だったでしょ。」と言っています。Bさんは，「もう3年生じゃないもん。4年生になったんだからいいでしょ。」と大声で言い返しました。二人の周りに他の子どもたちも集まってきました。

　私たちが児童役をします。この状況で，あなたは学級担任として，AさんとBさんに対して，どのように対応しますか。Bさんが言い返したところから，始めてください。

・去年のルールをそのまま用いるのではなく，自分の意思を強く持って子ども，学校のためにどっちがいいのか考える必要があると感じた。

□あなたは，5年生の担任になりました。放課後教室に行くと，Aさん，Bさんの二人を囲んで子どもたちがざわついていました。どうしたのかと思い，近寄ってみると二人の間に割れた花瓶があり，Aさんが涙を流して，「私が割ったんじゃないもん。Bさんが追いかけてきたから花瓶にぶつかったんだよ。Bさんのせいだよ。」と叫びました。周りの子どもは「Bさんは追いかけてなんかいないでしょ。Aさんがぶつかって割ったじゃない。」と言います。Bさんは，だまったままです。

　私たちが児童役をします。この状況で，あなたは学級担任として，AさんとBさんに対してどのように対応しますか。AさんとBさんに近づくところから，始めてください。


・ねばりが大切。


□あなたは，6年生の担任になりました。昼休みに教室にいると，AさんがBさんを連れて，あなたの所にやってきて言いました。「先生，Bさんは全然係の仕事をやりません。叱ってください。」すると，Bさんは，「だって，休み時間は友達と遊びたいんだもん。」とつぶやきました。それに対して，Aさんは，「だけど，この係の仕事がやりたくてBさんは，私たちの係を選んだんでしょ。だったら，しっかりやってよ。」と，さらに大声で言っています。Bさんは，「だって…。」としかいいません。

　私たちが，児童役をします。この状況で，あなたは学級担任として，AさんとBさんに対して，どのように対応しますか。二人の言い訳を聞くところから，始めてください。


□あなたは，4年生の担任になりました。昼休みに教室に行くと，給食当番ではないAさんが一人で，給食の後片付けをしていました。近くには給食当番のBさんが読書をしています。Bさんに「なぜ，あなたは給食当番なのに後片付けをしていないのですか？」と聞く

と，Bさんが「だって，Aさんが一番最後まで食べていたから後片付けをお願いしたんです。」と返事をしました。Aさんに，「そうなの？」と聞くと，返事はなく，急にしゃがみ込んで，泣き出してしまいました。

　私たちが，児童役をします。この状況で，あなたは学級担任として，AさんとBさんにどのように対応しますか。Aさんが泣き出したところから始めてください。

□あなたは，1年生の担任になりました。休み時間，Aさんが，隣の席のBさんのランドセルに付いてるキーホルダーを指して，先生に向かって叫びました。「先生，Bちゃんのランドセルにくまのぬいぐるみがついています。学校にいらないものは持って来ちゃいけないんですよね。」。するとBさんは，「だって，これはおばあちゃんが付けてくれたんだよ。私すぐ泣くから，おばあちゃんが寂しくならないようにって買ってきてくれたんだよ。Aさんだって，筆箱にマリオの形の消しゴム入れているじゃない。」と言い返しました。Aさんは，「だって，あれは消しゴムだから，勉強にいるものだからいいんだよ。」とさらに言い返し，けんかになりそうです。

　私たちが，児童役をします。この状況で，あなたは学級担任として，AさんとBさんに対して，どのように対応しますか。AさんとBさんに近づくところから始めてください。

※試験官は児童役をする。課題によっては，試験官も立ち上がった状態で場面指導を行う場合がある。試験官は，受験生の発言に対し，「でも…だよ？」と何回も返してくることがある。
※構想の時間はなかった。
・順番は，試験室の進行表のとおりである。(遅い人だと3時間ほど待っていたようだ。)

▼中学校教諭

【場面指導課題】

※全科共通

□あなたの学級では，給食が終わって，清掃の時間になりました。

　当番が給食の後片付けをしましたが，給食のおかず入れが返却され
ずに配膳台の上に残っています。教室の清掃担当の生徒5名は，そ
れぞれ清掃を始めようとしています。

　　私たちが生徒役をします。この状況で，あなたは学級担任として，
清掃担当の生徒たちに対して，どのように対応しますか。おかず入
れが残っていることに気付いたところから，始めてください。

□あなたの学級で私語が増えたので，席替えをすることにしました。

　級長と班長6人で，放課後，原案を作りましたが，明らかにAさんの
周りだけ，仲のよいメンバーが固まっていたので，明日の席替えを
延期することを決めました。

　　次の日の朝，学活で席替えの延期を伝えたところ，Aさんが次の
ように言いました。

　　「新しい席なら静かに授業受けるから，今日席替えしよう。」

　私たちが生徒役をします。この状況で，あなたは学級担任として，
Aさんに対して，どのように対応しますか。Aさんが話し終わった
ところから，始めてください。

□あなたは道徳の授業をしています。道徳の資料を生徒が順番に音読
して，みんな静かに授業を受けていました。

　　そのときAさんが，突然，席を立ちBさんのところへ歩き始めまし
た。あなたが，席に戻るように指示すると，AさんとBさんは次の
ように言いました。

Aさん「読めない漢字があったので，Bさんに聞きにきたんだけど。」

Bさん「先生，Aはバカだから，教えないとだめなんです。待ってや
ってください。」

　　私たちが生徒役をします。この状況で，あなたは学級担任として，
AさんとBさんに対して，どのように対応しますか。Bさんが「待っ

てやってください。」と言った後から始めてください。

□昼休みの後の5時間目の授業を始めようとして教室にきたところ，Aさんが机の上に突っ伏して泣いています。Aさんに聞くと次のように言いました。

　「昼休みに読書をしていたら，誰かが鞄をぶつけたんです。教室にいた5人に聞いたんだけど，誰も『知らない。見てなかった。』というんです。」

　私たちが教室にいた生徒役をします。この状況で，あなたは学級担任として，教室にいた生徒たちに対して，どのように対応しますか。Aさんが話し終わったところから，始めてください。

□進路学習で県内の高校のホームページを調べることにしました。クラス全体が，プリントに記入しながら，静かに調査をしていましたが，あなたは，Aさんがアルビレックス新潟のホームページを見ているのに気付きました。

　私がAさんの役をします。この状況で，あなたは学級担任として，Aさんに対して，どのように対応しますか。Aさんのプリントを確認した後から，始めてください。

□清掃時間中，あなたは教室清掃の監督をしています。Aさんがあなたのところへ来て言いました。

Aさん「先生，Bさんが雑巾がけをする私のすぐ後を追いかけてくるんです。」

Bさん「違う！おまえが俺の前を雑巾がけして邪魔するんだろ。」

Aさん「私が雑巾がけを始めると，すぐその後にくっついてくるんじゃない！痴漢に追いかけられるみたいで，すごく気持ち悪いんだけど。」

　私たちが生徒役をします。この状況で，あなたは学級担任として，AさんとBさんに対して，どのように対応しますか。Aさんが話し終わったところから，始めてください。

▼中学国語

【模擬授業課題】

□2年生で，スピーチの授業を行うこととし，次の課題を準備しました。

　　私たちを生徒に見立てて，10分程度で授業を行ってください。必要があれば，黒板を用いても構いません。構想がまとまったら始めてください。

　　スピーチ

　　「修学旅行で学んだこと」を保護者とクラスの仲間に伝える。

　　スピーチの時間は，1分から1分30秒の間。

　　授業参観日の国語の時間で行う。

□2年生で，スピーチの授業を行うこととし，次の課題を準備しました。

　　私たちを生徒に見立てて，10分程度で授業を行ってください。必要があれば，黒板を用いても構いません。構想がまとまったら始めてください。

　　スピーチ

　　「中学校生活のよさ」について来年度入学予定の小学校6年生とクラスの仲間に伝える。

　　スピーチの時間は，1分から1分30秒の間。

　　小中交流会の場で，自分の出身小学校の小学6年生に行う。

▼中学数学

□1年生の「平面図形」の単元において，「中心が分からない円について，その中心を求めるための作図」を教材にして，円の中心の作図の授業を行うことになりました。

　　このとき，あなたなら，どのような授業を行いますか。

　　私たちを生徒に見立てて，10分程度で授業を行ってください。必要があれば，コンパス，定規，黒板を用いても構いません。構想がまとまったら始めてください。

□3年生の「平方根」の単元で，「根号を含む式の加法・減法」について学習します。根号の中が同じ数の和は，分配法則を使って簡単にできることを理解させるために，「$\sqrt{2} + \sqrt{3} = \sqrt{5}$ とはならない。」という教材を用いて，「$\sqrt{2} + \sqrt{3}$ は，これ以上簡単には表せない数である。」ということを理解させる授業を行うことになりました。

このとき，あなたなら，どのような授業を行いますか。

私たちを生徒に見立てて，10分程度で授業を行ってください。必要があれば，黒板を用いても構いません。構想がまとまったら始めてください。

▼中学社会
【模擬授業課題】

□地理的分野の学習「日本の諸地域」において，中部地方を取り上げ，産業に関する特色ある事象を中核として，地域的特色をとらえさせるための授業を行います。

私たちを生徒に見立てて，10分程度で授業を行ってください。必要があれば，黒板を用いても構いません。構想がまとまったら始めてください。

□歴史的分野の学習「近代の日本と世界」において，明治政府が行った「富国強兵，殖産興業政策」や「文明開化」を取り上げ，明治政府による改革の特色を理解させるための授業を行います。

私たちを生徒に見立てて，10分程度で授業を行ってください。必要があれば，黒板を用いても構いません。構想がまとまったら始めてください。

▼中学理科
【模擬授業課題】

□3年生の「酸・アルカリとイオン」について，単元「酸・アルカリ」の授業を行うことになりました。生徒は，酸とアルカリの性質を調べる実験を行い，酸とアルカリの特性が水素イオンと水酸化物イオ

ンによることについて学習を進めます。

　　このとき，あなたなら，どのような授業を行いますか。

　　私たちを生徒に見立てて，10分程度で授業を行ってください。必要があれば，黒板を用いても構いません。構想がまとまったら始めてください。

□2年生の「生物と細胞」について，単元「生物と細胞」の授業を行うことになりました。生徒は，生物の組織などの観察を行い，生物の体が細胞からできていることや植物と動物の細胞のつくりの特徴について学習を進めます。

　　このとき，あなたなら，どのような授業を行いますか。

　　私たちを生徒に見立てて，10分程度で授業を行ってください。必要があれば，黒板を用いても構いません。構想がまとまったら始めてください。

□2年生の「日本の気象」について，単元の「日本の天気の特徴」の授業を行うことになりました。生徒は，天気図や気象衛星画像などから，日本の天気の特徴を気団と関係付けて学習を進めます。

　　このとき，あなたなら，どのような授業を行いますか。

　　私たちを生徒に見立てて，10分程度で授業を行ってください。必要があれば，黒板を用いても構いません。構想がまとまったら始めてください。


▼中学英語

【模擬授業課題】

□この単元では一般動詞の過去形を学習します。単元の学習到達目標を「最近の自分の体験についてまとまりのある文章を書いたり，発表することができる」と設定してあります。前時までに文構造の導入は既に終わっており，本時では過去形を用いて言語活動を行うことになっています。学習到達目標を達成するため，あなたなら，どのような授業を行いますか。

　　私たちを生徒に見立てて，10分程度で授業を行ってください。な

お，言語活動の状況設定を明示し，授業はすべて英語で行ってください。必要があれば，黒板を用いても構いません。構想がまとまったら始めてください。

□この単元では比較級を学習します。単元の学習到達目標を「人や物について比べて説明することができる」と設定してあります。前時までに文構造の導入は既に終わっており，本時では比較級を用いて言語活動を行うことになっています。学習到達目標を達成するため，あなたなら，どのような授業を行いますか。

　私たちを生徒に見立てて，10分程度で授業を行ってください。なお，言語活動の状況設定を明示し，授業はすべて英語で行ってください。必要があれば，黒板を用いても構いません。構想がまとまったら始めてください。

□この単元では受動態を学習します。単元の学習到達目標を「日本の有名な建物や製品について紹介することができる」と設定してあります。前時までに文構造の導入は既に終わっており，本時では受動態を用いて言語活動を行うことになっています。学習到達目標を達成するため，あなたなら，どのような授業を行いますか。

　私たちを生徒に見立てて，10分程度で授業を行ってください。なお，言語活動の状況設定を明示し，授業はすべて英語で行ってください。必要があれば，黒板を用いても構いません。構想がまとまったら始めてください。


▼中学技術

【模擬授業課題】

□1年生を対象に，「A　材料と加工に関する技術」の内容で，「材料に適した加工法」について授業を行うことになりました。製作題材では，木材と金属を使用します。そこで，まず最初に「材料の切断」を学習課題として授業を行います。

　このとき，あなたなた，どのような授業を行いますか。

　私たちを生徒に見立てて，10分程度で授業を行ってください。必

要があれば，黒板や実際の手工具を用いても構いません。構想がまとまったら始めてください。

▼中学家庭

【模擬授業課題】

□「衣服の選択と手入れ」の学習で，和装と洋服の違いについて指導します。

　私たちを生徒に見立てて，10分程度で授業を行ってください。必要があれば，黒板を用いても構いません。構想がまとまったら始めてください。

▼中学音楽

【模擬授業課題】

□1年生の「情景を思い浮かべながら，表情豊かに歌おう」という題材の，第1時間目の授業を行います。歌唱教材は「浜辺の歌」とします。

　このとき，あなたなら，どのような指導を行いますか。

　私たちを生徒に見立てて，授業を10分程度で行ってください。必要があれば，黒板を用いても構いません。構想がまとまったら始めてください。

□2年生の「拍子や強弱の変化などから曲想を感じ取って歌おう」という題材の，第2時間目の授業を行います。歌唱教材は「早春賦」とします。なお，生徒は，前時で譜読みを行い，歌えるようになっているとします。

　このとき，あなたなら，どのような指導を行いますか。

　私たちを生徒に見立てて，10分程度で授業を行ってください。必要があれば，黒板を用いても構いません。構想がまとまったら始めてください。

▼中学保体

【模擬授業課題】

□保健の授業で,「身体の環境に対する適応能力・至適範囲」の学習をすることになりました。

このとき,環境の変化と適応能力について,あなたはどのように指導しますか。

私たちを生徒に見立てて,10分程度で授業を行ってください。必要があれば,黒板を用いても構いません。構想がまとまったら始めてください。

□体育の授業で,「運動やスポーツが心身の発達に与える効果と安全」の学習をすることになりました。

このとき,スポーツが心身に及ぼす効果について,あなたはどのように指導しますか。

私たちを生徒に見立てて,10分程度で授業を行ってください。必要があれば,黒板を用いても構いません。構想がまとまったら始めてください。

▼中学美術

【模擬授業課題】

□1年生の題材「季節感のある和菓子のデザイン」の授業を行うことになりました。生徒は紙粘土に彩色をして,和菓子の見本を制作します。前時は,近所の和菓子屋を訪問して,季節ごとに和菓子を作っているか,調査してきました。本時は,「それぞれの季節で提供すると喜ばれる和菓子」を考えます。

このとき,あなたなら,どのような授業を行いますか。

私たちを生徒に見立てて,10分程度で授業を行ってください。必要があれば,黒板を用いても構いません。構想がまとまったら始めてください。

▼高校教諭

〈模擬授業，場面指導の進行〉

　「これから10分間で，模擬授業を行ってもらいます。模擬授業終了後，5分間場面指導を行ってもらいます。」

○模擬授業

　「それでは，教卓に置いてある模擬授業の面接問題を読んで，まず，授業の構想を2分くらい考えてください。準備ができたら，『始めます』と言ってから始めてください。必要があれば黒板を使ってください。

　なお，時間になりましたら途中であっても終了しますので，あらかじめ承知しておいてください。」

○場面指導　※模擬授業終了後

　「次に，場面指導を行ってもらいます。」
　「それでは，これから場面指導の問題を読み上げます。」

【場面指導課題】

□〈場面設定〉

　あなたは，授業中に机の下で隠れてスマートフォンを使用していた生徒Aからスマートフォンを預かりました。生徒Aは授業終了後に教務室に来て，大声で「今すぐ返してください。」と訴えてきました。

　〈設問〉

　このあと，あなたは生徒Aにどのような指導を行いますか。私を生徒Aであると想定して指導してください。

□〈場面設定〉

　あなたが担当する授業中に，居眠りをしていた生徒Aを起こしたところ，「お前の授業がつまらないから眠くなるんだ。」と言って，再び机に伏して寝始めました。

〈設問〉

　このあと，あなたは生徒Aにどのような指導を行いますか。私を生徒Aであると想定して指導してください。

□〈場面設定〉

　あなたが担任をする3年生の生徒Aが，10月のある日，教務室にいるあなたのところに相談に来ました。「勉強に身が入らない。大学に進学する明確な目的も特にない。高校を卒業してからどんな生活になるか不安だ。」とのことです。

〈設問〉

　このあと，あなたは生徒Aにどのような指導を行いますか。私を生徒Aであると想定して指導してください。

□〈場面設定〉

　あなたが授業をしていると，一番前の席の生徒Aが，堂々と他の科目の教科書とノートを机に広げ予習をしていました。あなたが一度注意すると片付けましたが，しばらくしたら再び他の科目の予習を始めました。再度あなたが注意すると，生徒Aは「だって授業内容全部分かるから。周りに迷惑かけている訳じゃないだろ。」と言いました。

〈設問〉

　このあと，あなたは生徒Aにどのような指導を行いますか。私を生徒Aであると想定して指導してください。

□〈場面設定〉

　くじ引きでクラスの席替えを行った日の放課後，生徒Aが教務室にいる担任のあなたの所に来て，「生徒Bの隣はどうしても嫌です。席替えをやり直してくれないなら，明日から学校に来ません。」と言いました。

〈設問〉

　このあと，あなたは生徒Aにどのような指導を行いますか。私を生徒Aであると想定して指導してください。

□〈場面設定〉

　　あなたが担任をするクラスの生徒Aに対し，休み時間や下校時に他の生徒が悪口を言ったり暴力を振るったりしていると，複数の生徒が報告してきました。

　　そこで，Aを呼んで事情を聞こうとしましたが，何も話そうとしません。

〈設問〉

　　このあと，あなたは生徒Aにどのような指導を行いますか。私を生徒Aであると想定して指導してください。


▼高校国語

【模擬授業課題】

□「国語総合」の授業で，「万葉集」を読み味わうことを目標に，次の和歌を教材にして，授業を行うことにしました。

　　このとき，あなたなら，どのように指導しますか。私たちを生徒だと思って，授業を行ってください。


　　　山上憶良臣，宴をまかる歌
　　　　（やまのうえのおくらおみ）

　　　山上憶良

　　　　憶良らは今はまからむ子泣くらむそれその母も我を待つらむぞ
　　　　　　　　　　　　　　　　　　　　　　　　　　（あ）


□「国語総合」の授業で，「古今和歌集」を読み味わうことを目標に，次の和歌を教材にして，授業を行うことにしました。

　　このとき，あなたなら，どのように指導しますか。私たちを生徒だと思って，授業を行ってください。


　　　渚院にて桜を見て詠める
　　　（なぎさのゐん）

　　　在原業平
　　　（ありはらのなりひら）

　　　　世の中にたえて桜のなかりせば春の心はのどけからまし

▼高校数学

【模擬授業課題】

□「数学Ⅰ」の「図形と計量」の授業で,「三角比を鈍角まで拡張すること」について学習することにしました。

　　このとき,あなたならどのように指導しますか。私たちを生徒だと思って,授業を行ってください。

□「数学Ⅱ」の「三角関数」の授業で,「三角関数のグラフの対称性」について学習することにしました。

　　このとき,あなたならどのように指導しますか。私たちを生徒だと思って,授業を行ってください。

▼高校歴史

【模擬授業課題】

□〈世界史B〉

　「世界史B」の授業で,「十字軍」について学習することにしました。

　　このとき,あなたならどのように指導しますか。私たちを生徒だと思って,授業を行ってください。

□〈日本史B〉

　「日本史B」の授業で,「10世紀後半以降の荘園の発達」について学習することにしました。

　　このとき,あなたならどのように指導しますか。私たちを生徒だと思って,授業を行ってください。

▼高校地理

【模擬授業課題】

□〈地理B〉

　「地理B」の授業で,「さまざまな土壌」について学習することにしました。

　　このとき,あなたならどのように指導しますか。私たちを生徒だと思って,授業を行ってください。

▼高校物理

【模擬授業課題】

□「物理基礎」の授業で，「熱と温度」について学習することにしました。

　このとき，あなたならどのように指導しますか。私たちを生徒だと思って，授業を行ってください。

▼高校生物

【模擬授業課題】

□「生物基礎」の授業で，「植生の遷移」について学習することにしました。

　このとき，あなたならどのように指導しますか。私たちを生徒だと思って，授業を行ってください。

▼高校英語

【模擬試験課題】

□「コミュニケーション英語Ⅰ」の授業で，次の英会話文を用いて，その内容について生徒にペアで話し合いをさせることにしました。

　このとき，あなたならどのように指導しますか。私たちを生徒だと思って，英語で授業を行ってください。

A: My father says high school students don't have to have smart phones. What do you think?

B: I agree with your father.

□「コミュニケーション英語Ⅰ」の授業で，生徒に次の2つのテーマから1つを選ばせ，短いスピーチをさせることにしました。ペアになって一人がスピーチを行い，それについて相手が感想を述べることにします。

　このとき，あなたならどのように指導しますか。私たちを生徒だと思って，英語で授業を行ってください。

[　My summer vacation / My hobby　]

□「コミュニケーション英語Ⅰ」の授業で，生徒に次のテーマでまとまりのある文章を書かせ，ペアの生徒とお互いの文章の内容について英語で意見交換をさせることにしました。
　このとき，あなたならどのように指導しますか。私たちを生徒だと思って，英語で授業を行ってください。
　[　My favorite season　]

▼高校家庭
【模擬授業課題】
□「家庭総合」の授業で，「青年期の発達課題」について学習することにしました。
　このとき，あなたならどのように指導しますか。私たちを生徒だと思って，授業を行ってください。

▼高校保体
【模擬授業課題】
□「保健」の授業で，「生活習慣病とその予防」について学習することにしました。
　このとき，あなたならどのように指導しますか。私たちを生徒だと思って，授業を行ってください。
□「保健」の授業で，「加齢と健康」について学習することにしました。
　このとき，あなたならどのように指導しますか。私たちを生徒だと思って，授業を行ってください。

▼高校機械
【模擬授業課題】
□「機械工作」の授業で，「鋳造」について学習することにしました。
　このとき，あなたならどのように指導しますか。私たちを生徒だと思って，授業を行ってください。

▼高校農業

【模擬授業課題】

□「農業と環境」の授業で,「野菜の利用器官による分類」について学習することにしました。

　　このとき,あなたならどのように指導しますか。私たちを生徒だと思って,授業を行ってください。

▼高校電気

【模擬授業課題】

□「電子情報技術」の授業で,「基本論理回路の種類と動作」について学習することにしました。

　　このとき,あなたならどのように指導しますか。私たちを生徒だと思って,授業を行ってください。

▼高校土木

【模擬授業課題】

□「測量」の授業で,「三角区分法による面積の計算」について学習することにしました。

　　このとき,あなたならどのように指導しますか。私たちを生徒だと思って,授業を行ってください。

▼高校商業

【模擬授業課題】

□「ビジネス基礎」の「企業活動の基礎」の授業で,「企業の経営組織」について学習することにしました。

　　このとき,あなたならどのように指導しますか。私たちを生徒だと思って,授業を行ってください。

▼高校水産

【模擬授業課題】

□「水産海洋基礎」の授業で,「漁船の種類と特徴」について学習す

ることにしました。

　このとき，あなたならどのように指導しますか。私たちを生徒だと思って，授業を行ってください。

▼特別支援
【模擬授業課題】
□あなたは，知的障害特別支援学校中学部1年生6人の生徒による生活単元学習を，他の教員と2人で担当しています。

　9月の生活単元学習は，生徒の実態や興味関心から，バスや電車を利用していろいろな公共施設や商業施設を巡ることに決まりました。導入段階で個人差の大きい集団を考慮しながら，一人一人に期待感をもたせ，目的意識と学習意欲を高めるために，あなたはメインティーチャーとして，どのような授業を行いますか。

　私たちを生徒に見立てて，10分程度で授業行ってください。必要があれば，黒板を用いても構いません。構想がまとまったら始めてください。

□あなたは，知的障害特別支援学校高等部1，2年生10人の生徒による作業学習を，他の教員と2人で担当しています。

　9月から，「接客サービス」の学習に取り組みます。その後に実施する就業体験で，十分に力を発揮することができるように，教室を喫茶店にしつらえて接客の基本動作や態度などを学習します。生徒が進んで活動に取り組むことができるように，導入段階で，あなたはメインティーチャーとして，どのような授業を行いますか。

　私たちを生徒に見立てて，10分程度で授業を行ってください。必要があれば，黒板を用いても構いません。構想がまとまったら始めてください。

□あなたは，知的障害特別支援学校高等部1，2年生10人の生徒による作業学習を，他の教員と2人で担当しています。

　9月の学習は「接客サービス」です。学習の終盤には，他学部の教師をお客として招いて，実際にコーヒーやジュースなどの飲み物

を提供する活動を行います。本時は，この活動の3時間目です。生徒がめあてを意識して，適切な動作で飲み物を提供することができるように，あなたはメインティーチャーとして，どのような授業を行いますか。

　私たちを生徒に見立てて，10分程度で授業を行ってください。必要があれば，黒板を用いても構いません。構想がまとまったら始めてください。

□あなたは，知的障害特別支援学校高等部2年生10人の生徒による家庭科を，他の教員と2人で担当しています。

　9月は自分が着用したワイシャツやブラウスを洗濯し，アイロン掛けをする学習を行います。事前アンケートでは，ほとんどの生徒が経験はないものの，アイロン掛けをしたいという意欲をもっています。生徒がアイロン掛けに興味関心を高め，安全に留意し見通しをもって取り組むことができるように，導入段階で，あなたはメインティーチャーとして，どのような授業を行いますか。

　私たちを生徒に見立てて，10分程度で授業を行ってください。必要があれば，黒板を用いても構いません。構想がまとまったら始めてください。

□あなたは，知的障害特別支援学校高等部2年生10人の生徒による家庭科を，他の教員と2人で担当しています。

　9月は，自分のワイシャツやブラウスを洗濯し，アイロン掛けをする学習を行ってきています。生徒はこれまでにこの活動を3回行い，手順はある程度理解しているものの，アイロン掛けの仕上がりについては，ほとんどの生徒が不十分な状況です。きれいな仕上がりを意識し，確実にアイロン掛けができるように，あなたはメインティーチャーとして，どのような授業を行いますか。

　私たちを生徒に見立てて，10分程度で授業を行ってください。必要があれば，黒板を用いても構いません。構想がまとまったら始めてください。

【場面指導課題】

□あなたは，小学部3年生の担任です。Aさんは勝ち負けに強いこだわりがあり，自分が負けそうになると，途中で活動を止めてしまうことが時々見られます。

　ある日，教室でカルタ大会を行い，大会の終盤にさしかかった頃，Aさんは，自分のとった札がみんなより少ないことに気付きました。すると「カルタなんかやりたくない。やーめた。」と言って，持っていたカルタを放り投げて，教室のすみに行ってしましました。Bさんは，Aさんの近くに行き「あーあ，カルタがかわいそう。Aさん，拾わないといけないよー。」と注意し，カルタ大会は中断してしまいました。

　私たちが児童役をします。この状況で，あなたは学級担任として，AさんとBさんに対して，どのように対応しますか。二人に近づくところから始めてください。

□あなたは，中学部1年生の担任です。Aさんは，友達が学校のルールに沿わないことを行うと，行動を改めるまで繰り返し注意します。

　ある朝，Bさんが玄関から廊下を走りながら教室に入って来ました。Aさんは「Bさん，また廊下を走って来たでしょ。走ってはいけませんって書いてあるでしょ。もう一度やり直して。」と大きな声で注意しました。Bさんは「だって急いでいたんだから，仕方なかったんだよ。」と，Aさんの言うことを聞き入れません。Aさんは怒りだし，担任に「Bさんが言うことを聞きません。」と訴えてきました。

　私たちが生徒役をします。この状況で，あなたは学級担任として，AさんとBさんに対して，どのように対応しますか。Aさんから話しかけられたところから始めてください。

□あなたは，高等部1年生の担任です。Aさんは，授業中担任が自分の知っている話題の説明をし始めると，「あっ，それ知ってる。簡単だよね。」などと，つい話をしてしまいます。

　ある日，教室で担任がカレー作りの説明をしていると「次はね，

人参を切るんだよ。切るときは猫の手だよ。」と話しだしました。担任が「今は先生の説明の時間です。静かに聞きましょう。」と話を制止すると、Aさんは「そうだよね。口チャックだよね。」と言って話を止めますが、しばらくするとまた話し出します。Bさんは、先生の指示に従わないAさんを見過ごすことができず、「Aさん、静かにしてー。」と何度も注意をしています。

　私たちが生徒役をします。この状況で、あなたは学級担任として、AさんとBさんに対して、どのように対応しますか。Aさんに近づくところから始めてください。

□あなたは、小学部2年生の担任です。Aさんは、いつも学級の友達と仲良く過ごしています。しかし、Bさんが冗談で言った言葉を本気にしてしまい、急に落ち込んでしまうことが時々あります。

　ある日、いつものように教室で友達とおしゃべりをしていたところ、BさんがAさんに向かって「先生は私のことが一番好きで、Cさんは2番、Aさんは5番目に好きなんだって。」と言いました。それを聞いたAさんは、そのことを気にして「なんで私が5番なの。」と元気なく担任に訴えてきました。Bさんは追い打ちを掛けるように、同じことを言い続け、Aさんはとうとう泣き出しました。

　私たちが児童役をします。この状況で、あなたは学級担任として、AさんBさんに対して、どのように対応しますか。Aさんが泣き出したところから始めてください。

□あなたは、高等部2年生の担任です。Aさんは、授業に興味がもてないと無気力な態度をとることがよくあります。

　ある日、教室での作業学習で、スーパーの品物を並べる活動を行うことになりました。Aさんは、初めからやる気のない態度で椅子に座ったまま動かず、それを見たBさんが「Aさん、ちゃんとやってください。」と注意しました。Aさんは「ちゃんとやってるじゃん。」と、ふてくされて答え横を向いています。Bさんは「それは、おかしいよ。」と、さらに注意を繰り返しますが、Aさんはなかなか活動に取り組もうとしません。

　私たちが生徒役をします。この状況で，あなたは学級担任として，AさんとBさんに対して，どのように対応しますか。二人に近づくところから始めてください。

◆個人面接Ⅱ(2次試験)
　▼小学校教諭　面接官2人　時間25分
【質問内容】
□現在取得している免許，取得見込の免許について。
□司書教諭の資格を取得する予定はあるか。
□どうして，就職せずに教職大学院に進学しようと思ったのか。
□どのようなことを研究しているのか。
　→それを学校現場で実践したことはあるか。また，どのような子どもたちの姿が見ることができた。
□あなたが教師という職業に就く上で，最も大切にしたい教師の資質とは何か。
□よりよい人間関係を築くために，どのようなことが大切であると考えているか。
□休日はどのように過ごしているか。
□ストレス発散の方法は。
□保護者から，あなたじゃダメだから担任を変えてください。と言われたとする。あなたはそれでも教師を続けるか。
□30秒で自己アピールをしなさい。
□あなたの得意教科は何。
　→どのような授業づくりをしたいと考えるか。
□教師は忙しいですが，授業のための教材開発もしなくてはならない。あなたはどのように工夫するか。
□新潟県は非常に勤務範囲が広い。もしかすると，佐渡のように離島に勤務することも考えられるが，それでも大丈夫か。
□模擬授業はどうだったか。

□どうして小学校を受験したか。
□講師の内容。
　→講師で楽しいこと，大変なこと。
□教員として気をつけたいこと。
□自己紹介をしなさい。
□コミュニケーションをとる時に大切なことは。
□気になるニュースは。
□スマホユーザーですか。
□苦手なタイプの人はどんな人か。
□実習でうれしかったこと，辛かったこと。
□いじめがおきたときの対応。
□同僚との意見が合わなかったらどうするか。
□ピアノはどのくらい弾けるか。
□非違行為がなくならないが，なくすためにどうしていくか。
□最近気になっていることは。
□PTAは夜まであるが大丈夫か。
※模擬授業，場面指導とは異なる試験室で行う。面接官のうち一人は
　教育委員会，もう一人は一般企業の関係者である。
※自己PR用紙に書いたことが聞かれる。
・笑顔で面接官のことを見て話すと良い。
・面接官は優しい方々で，自然にsmileになった。結局，自分が出てし
　まうので日々のボランティア活動のように，感情豊かにしておくと
　よいだろう。
・本当にあっという間だった。

▼養護教諭　面接官3人　時間20〜25分
【質問内容】
□救急処置(実技試験)はうまくできたか。
□自分が養護教諭に向いているところ。
□中学・高校と競技を続けてきて，教師生活に活きていること。

□県内は，離島・僻地もあり広いが勤務は大丈夫か。

□自分に向いている校種はどこか。

　→その理由は。

□自分の長所と短所。

　→その短所によって失敗したエピソード。

□子どもに伝えたい，大切にしている言葉。

□SNSによるトラブルが多くあるが，どのような指導が必要か。

□救急処置で大切にしていること。

□保健室に来室する子どもの対応で大切にしていること。

　→授業をさぼりたくて来る子どもへは。

　→一度に多勢が来てたまり場のようになってしまったら。

□生徒指導のことで担任とうまく協力が得られなかったらどうするか。

□養護教諭として大切なこと。

□養護教諭の経験から感動したエピソード。

□周りの人と人間関係を築くことは得意か。

　→周りに協力を求めることもできるか。

□ストレスにうまく対処できる方か。

　→その方法は。

※面接官3人(横並び)との対面方式。


◆実技試験(2次試験)

　▼小学校教諭

　※体育と音楽は別の日に行われた。(音楽は模擬授業，場面指導→個人
　　面接Ⅱの後に行われた。)

【体育課題】

□ボール投げ(三球)

　ソフトボールを使用。試験官にボールを投げる。

□マット運動

257

側方倒立前転 → 倒立前転 → 伸膝後転
□水泳(25m)
　泳法は，クロール・平泳ぎから1種目選択。
※A～Jのグループ(50名程度)に分かれ，グループごとに試験を行う。
　グループごとに種目の順番が決められており，どの種目においても，
　本番前に一度だけ練習することができる。
※AとB，CとD，EとF，GとH，IとJで一緒に回った。グループ分けは
　男女別で，A～Eが男子，F～Jが女子であった。
※やむを得ず受検できない種目がある場合は，試験官に申し出る。そ
　の後，口頭試問がある。
【音楽課題】
□歌唱
　小学校学習指導要領に示された第4・5・6学年の歌唱の共通教材の
中から当日指定する1曲を，CD伴奏に合わせて歌唱する。歌詞つきの
楽譜は，検査員が用意する。
□ピアノ伴奏
　小学校学習指導要領に示された第4・5・6学年の歌唱の共通教材の
中から1曲を選び，ピアノ伴奏をする。伴奏譜を2部用意し，当日1部
を検査員に提出する。
※試験官は2人。10人ほどのグループ(一斉入室)で行う。試験は，歌唱
　→ピアノの順で行う。提出用の楽譜は入室前に回収された。
※歌唱の曲は，机の上に伏せられたカードの中から選ぶ。カードには
　児童教科書用のコピーが貼ってある。伴奏は授業用のCDである。
・受検番号順なので後になればなるほど曲の選択肢が少なくなる。
※ピアノ伴奏も，歌唱と同様に受検番号順で行う。一番を演奏し終え
　ると終了となる。ただし，一定の時間を過ぎても一番を演奏し終え
　ない場合は，途中であってもそこで終了となる。

▼特別支援
【運動課題】

□ボール投げ

□マット運動

□水泳

　25m，泳法は，クロール・平泳ぎから1種目選択。

【音楽課題】

□歌唱

　小学校学習指導要領に示された第4・5・6学年の歌唱の共通教材の中から当日指定する1曲を，CD伴奏に合わせて歌唱する。歌詞つきの楽譜は，検査員が用意する。

▼養護教諭

※救急処置に関するもの。

【課題】

□左手中指を突き指した場合の，適切な応急処置をしなさい。

□右上腕顆上骨折が疑われる場合の，適切な応急処置をしなさい。

□左足首を捻挫し，外踝周囲の痛みがある場合の，適切な応急処置をしなさい。

□右鎖骨の骨折が疑われる場合の，適切な応急処置をしなさい。

□左足頸骨の骨折が疑われる場合の，適切な応急処置をしなさい。

□右膝を打撲し，内出血がみられる場合の，適切な応急処置をしなさい。

## 新潟市

※中学美術の採用はない。

◆1次試験

〈当日の持参品〉

1　受検票

2　第1次検査結果の通知用封筒

　　　長形3号(縦23.5cm　横12cm)の封筒(のり付き)に82円切手を貼り，郵便番号，宛先を明記し，氏名には「様」を必ず付記すること。速達を希望する者は，362円切手を貼って速達であることを朱書きする。
3　筆記用具，直線定規(20cm程度，目盛付)
4　上履き，外履きを入れる袋，昼食(必ず持参すること)
5　中学教諭を受検する人は，次のものを持参すること。
　〈数学〉三角定規一組，コンパス
　〈理科〉三角定規一組
　〈音楽〉アルトリコーダー
　〈保健体育〉運動着上下，運動靴(屋内用)，武道において柔道を選択する者は柔道着，剣道を選択する者は竹刀及び防具。
　〈技術〉三角定規一組，コンパス，実技用実習着。
　〈家庭〉裁縫用具一式(裁ちばさみ，糸きりばさみ，指ぬき，チャコペンシル，へら，まち針，しつけ糸)


◆適性検査(1次試験)
▼小学校教諭　時間40分
【検査内容】
□クレペリン検査
※足し算を繰り返す。


◆個人面接(1次試験)
※模擬授業を含む。模擬授業の課題については，6月23日新潟市ホームページにて記載される。
※内容については，現行学習指導要領によるものとする。
※模擬授業は，与えられた課題により，実際の授業を数分間行う。検査室の黒板とチョークのみ使用。

▼小学校教諭　面接官2人　時間10分

○4，5，6年国語　読むこと(物語)

【課題】

□〈授業のねらい〉

　読み手が最も着目した登場人物の気持ちについて，読み取ったことを発表する。

〈教材となる物語(抄)〉　「一つの花」　今西祐行

　お母さんが，ゆみ子をいっしょうけんめいあやしているうちに，お父さんが，ぷいといなくなってしまいました。

　お父さんは，プラットホームのはしっぽの，ごみすて場のようなところに，わすれられたようにさいていた，コスモスの花を見つけたのです。あわてて帰ってきたお父さんの手には，一輪のコスモスの花がありました。

　「ゆみ。さあ，一つだけあげよう。一つだけのお花，だいじにするんだよ……。」

　ゆみ子は，お父さんに花をもらうと，きゃっきゃっと，足をばたつかせて喜びました。

　お父さんは，それを見て，にっこりわらうと，何も言わずに汽車に乗っていってしまいました。ゆみ子のにぎっている一つの花を見つめながら……。

　なお，児童はすでに音読できるようになっています。

　目の前に児童がいると思って，児童が音読を終えた場面から授業を行ってください。

□〈授業のねらい〉

　読み手が最も着目した登場人物の気持ちについて，読み取ったことを発表する。

〈教材となる物語(抄)〉　「大造じいさんとがん」　椋　鳩十

　大造じいさんはかけつけました。二羽の鳥は，なおも地上ではげしく戦っていました。が，はやぶさは，人間のすがたをみとめると，急に戦いをやめて，よろめきながら飛び去っていきました。

　残雪は，むねの辺りをくれないにそめて，ぐったりとしていました。しかし，第二のおそろしい敵が近づいたのを感じると，残りの力をふりしぼって，ぐっと長い首を持ち上げました。そして，じいさんを正面からにらみつけました。それは，鳥とはいえ，いかにも頭領らしい，堂々たる態度のようでありました。

　大造じいさんが手をのばしても，残雪は，もう，じたばたさわぎませんでした。最期のときを感じて，せめて，頭領としてのいげんをきずつけまいと努力しているようでもありました。大造じいさんは，強く心を打たれて，ただの鳥に対しているような気がしませんでした。

　なお，児童はすでに音読ができるようになっています。
　目の前に児童がいると思って，児童が音読を終えた場面から授業を行ってください。

※入室後，机の上にある課題を提示され，それについて7〜8分程の授業を行う。
・当日までテーマは分からないので難しい。
・「児童は音読できるようになっている」などの条件もあるので注意したい。

▼中学国語
○読むこと(物語・小説)
【課題】
□〈授業のねらい〉
　読み手が最も着目した登場人物の心情について，読み取ったことを述べる。

〈教材となる小説(抄)〉　「故郷」　魯迅

　私は，感激で胸がいっぱいになり，しかしどう口をきいたものやら思案がつかぬままに，ひと言，

「ああルンちゃん——よく来たね……。」

　続いて言いたいことが，後から後から，数珠つなぎになって出かかった。チアオチー，跳ね魚，貝殻，チャー……。だが，それらは，何かでせき止められたように，頭の中を駆け巡るだけで，口からは出なかった。

　彼は突っ立ったままだった。喜びと寂しさの色が顔に現れた。唇が動いたが，声にはならなかった。最後に，うやうやしい態度に変わって，はっきりこう言った。

「旦那様！……。」

　私は身震いしたらしかった。悲しむべき厚い壁が，二人の間を隔ててしまったのを感じた。


　なお，生徒はすでに音読ができるようになっています。

　目の前に生徒がいると思って，生徒が音読を終えた場面から授業を行ってください。


□〈授業のねらい〉

　読み手が最も着目した登場人物の心情について，読み取ったことを述べる。


〈教材となる小説(抄)〉　「少年の日の思い出」　ヘルマン・ヘッセ

　盗みをしたという気持ちより，自分がつぶしてしまった，美しい，珍しいちょうを見ているほうが，僕の心を苦しめた。微妙なとび色がかった羽の粉が，自分の指にくっついているのを見た。また，ばらばらになった羽がそこに転がっているのを見た。それをすっかり元どおりにすることができたら，僕は，どんな持ち物でも楽しみでも，喜ん

で投げ出したろう。

　悲しい気持ちで，僕は家に帰り，夕方まで，うちの小さい庭の中で腰掛けていたが，ついに，一切を母に打ち明ける勇気を起こした。母は驚き悲しんだが，すでに，この告白が，どんな罰を忍ぶことより，僕にとってつらいことだったということを感じたらしかった。
「おまえは，エーミールのところに行かなければなりません。」と，母はきっぱりと言った。

　なお，生徒はすでに音読ができるようになっています。
　目の前に生徒がいると思って，生徒が音読を終えた場面から授業を行ってください。


▼中学数学
○1年　数と式　正の数と負の数
【課題】
□中学校1年生の数学の授業で，正の数・負の数の乗法について学習します。

〈授業のねらい〉
　(負の数)×(負の数)の積が正の数になることを説明できる。

〈問題〉
　−7×−5の求め方を考えましょう。

　なお，既に次の学習は終えています。
(1)　(負の数)×(正の数)＝(負の数)
(2)　(正の数)×(負の数)＝(負の数)

　目の前に生徒がいると思って，この問題を提示するところから授業を行ってください。

○2年　数と式　連立二元一次方程式
【課題】
□中学校2年生の数学の授業で，連立方程式の解き方について学習します。

〈授業のねらい〉
　連立方程式を加減法により，1つの文字を消去して解くことができる。
〈問題〉
　連立方程式 $\begin{cases} 2x+y=200 \\ x+y=150 \end{cases}$ の解き方を考えましょう。

　目の前に生徒がいると思って，この問題を提示するところから授業を行ってください。

▼中学社会
○歴史的分野(近代の日本と世界)
【課題】
□中学校社会科歴史的分野の授業で，明治新政府による殖産興業政策について学習します。

〈授業のねらい〉
　殖産興業政策によって人々の生活が変化したことを説明することができる。

〈教材となる資料〉
　教材となる資料は，プリントのとおりです。

富岡製糸場(群馬県)　長野県岡谷市立蚕糸博物館蔵

　目の前に生徒がいると思って，この資料を提示するところから授業を行ってください。

□中学校社会科歴史的分野の授業で，明治時代の文明開化について学習します。

〈授業のねらい〉

　欧米諸国から取り入れた制度や文化の影響で，社会の様子や人々の生活が大きく変化したことを説明できる。

〈教材となる資料〉

　教材となる資料は，プリントのとおりです。

東京開化名勝京橋石造銀座通り両側煉化石商家繁栄之図　江戸東京博物館蔵

　目の前に生徒がいると思って，この資料を提示するところから授業を行ってください。

▼中学理科
○第2分野　大地の成り立ちと変化

266

【課題】
□中学校1年生の理科の授業で，火成岩について学習します。

〈授業のねらい〉
　主な火山岩と深成岩を観察し，そのつくりの違いが，マグマの冷え方の違いによるものであることを説明できる。

　生徒は，火山岩と深成岩を実体顕微鏡で観察し終えました。

　目の前に生徒がいると思って，火山岩と深成岩の観察結果を発表する場面から授業を行ってください。

□中学校1年生の理科の授業で，地層の重なりと過去の様子について
　学習します。

〈授業のねらい〉
　堆積岩を観察し，できた場所の環境を推定できる。

　次のような観察結果を生徒が発表しました。
　・Aの岩石は，小石や砂が多く，小石は丸みを帯びていた。
　・Bの岩石は，細かい粒の泥でできていた。

　目の前に生徒がいると思って，観察結果をもとに生徒に話し合いをさせる場面から授業を行ってください。

▼中学英語
○書くこと(まとまりのある文章を書くこと)
【課題】
□中学校2年生の英語の授業で，一般動詞・be動詞の過去形を学習し
　ました。

〈授業のねらい〉

　前の日曜日にしたことや自分の気持ちについて，短い日記を書くことができる。

　次の課題を生徒に提示します。

　資料のように6文程度で，前の日曜日の自分の行動と，様子や気持ちについて日記を書く。

資料

　Sunday, June 28

　I went to school last Sunday.

　I practiced soccer with my friends. I ran a lot and kicked a ball many times.

　It was fun, but I got very tired.

　目の前に生徒がいると思って，この課題提示をした後の授業を行ってください。

□中学校1年生の英語の授業で，三人称単数現在形を学習しました。

〈授業のねらい〉

　身近な人について，まとまりのある紹介文を書くことができる。

　次の課題を生徒に提示します。

　資料のように6文程度で，自分の家族を紹介する学級提示カードを作成する。

資料

　　This is my sister, Rumi.
She is a high school student.
　　She is good at tennis.
She practices it hard every
day.

　　We sometimes enjoy tennis together.
I like her very much.

　目の前に子どもがいると思って，この課題提示をした後の授業を行ってください。


▼中学技術
○材料と加工に関する技術
【課題】
□中学校技術分野の授業で，材料と加工に関する技術を利用した製作について学習します。
〈授業のねらい〉
　安全かつ適切にかんながけをすることができる。


　授業は，かんながけをしている様子を教師が見せる場面から始めます。
　目の前に生徒がいると思って，授業を行ってください。


▼中学家庭
○衣生活と自立
【課題】
□中学校家庭分野の授業で日常着の衣服の手入れについて学習します。


〈授業のねらい〉
　衣服の材料や汚れ方に応じた日常着の適切な手入れを説明できる。


　生徒は，次の衣服の手入れの仕方について予想しました。
①　毛糸のセーター
②　ミートソースがついたデニム
③　黒土で汚れた靴下
④　果汁がついた綿のベスト

　　目の前に生徒がいると思って，生徒に予想を発表させる場面から授業を行ってください。

▼中学音楽
○表現(歌唱)
【課題】
□中学校の音楽の授業で「花」の歌唱表現について学習します。

〈授業のねらい〉
　　歌詞の表す情景と声部の役割を関連付けて表現する。

　　次のような活動を行います。
　　声部によるリズムや旋律の違いと，それぞれの声部の関係を明らかにして歌う。

　　なお，生徒は既に音がとれて歌えるようになっています。
　　目の前に生徒がいると思って，生徒に一度歌わせた後の授業を行ってください。

▼中学保体
○保健分野(心身の機能の発達と心の健康)
【課題】
□中学校1年生の保健分野の授業で，身体の発育・発達について学習します。

〈授業のねらい〉
　　体の各器官の発育・発達の時期や個人差を説明できる。

〈問いかけ〉
　　生まれたばかりの赤ちゃんの身長は約50cmですが，1年間に約25cm

伸び，1歳の頃には約75cmになります。毎年この割合で伸びるとすると，中学生(12歳)の頃の身長はどのくらいになるでしょうか。

　目の前に生徒がいると思って，この問いかけから授業を行ってください。

▼特別支援
○遊びの指導(小学部1，2年「ボールランドで遊ぼう」)
【課題】
□知的障がい特別支援学校小学部1・2年生の遊びの指導，「ボールランドで遊ぼう」です。

〈授業のねらい〉
　ボールを投げたり転がしたりして，ボールを使った遊びやゲームを楽しむ。

　「ボウリングゲーム」，「的当てゲーム」，「シュートゲーム」の3つのコーナーが設けてあり，児童は既にこの環境構成で1時間遊んでいます。

　目の前に児童がいると思って，導入場面から授業を行ってください。

▼養護教諭
○小学校5，6年　保健　病気の予防
【課題】
□小学校6年生の保健の授業で，喫煙の害と健康について学習します。

〈授業のねらい〉
　禁煙や分煙が行われている理由を話し合い，喫煙による健康被害者について考えることができる。

黒板には，喫煙を制限するポスターや写真が掲示してあります。

　目の前に児童がいると思って，児童に問いかける場面から授業を行ってください。

○中学校保健分野　健康な生活と疾病の予防
【課題】
□中学校3年生の保健の授業で，感染症の予防について学習します。

〈授業のねらい〉
　感染症予防の三原則をもとに，予防策を考えることができる。

　生徒は，既に感染症の原因については学習しています。また，主な感染症として次の感染症名が挙がっています。
[　インフルエンザ　　はしか　　性器クラミジア　　エイズ　]

　目の前に生徒がいると思って，生徒に問いかける場面から授業を行ってください。

◆実技試験(1次試験)
▼中学音楽
【課題1】
□平成27年度用文部科学省検定済教科書中学校音楽科用に掲載されている「赤とんぼ」「花の街」「夏の思い出」「浜辺の歌」「荒城の月」「花」「早春賦」の中から当日指定する1曲を，ピアノ伴奏しながら歌唱する。
※楽譜は当日指定したものを使用する。
【課題2】
□アルトリコーダーによる視奏をする。

※曲は当日指定する。

▼中学保体
※計5種目実施。
【必修課題】
□マット運動
□ハードル走
□ダンス(創作ダンス)
【選択課題】
□バスケットボール又はバレーボールから1種目選択。
□柔道，剣道から1種目選択。

▼中学技術
当日，課題を提示する。

▼中学家庭
当日，課題を提示する。

◆個人面接A(2次試験)
　※場面指導を含む。場面指導とは，児童生徒又は保護者等と対応する
　　場面を想定して，受検者と検査員が定められた役割を演じるもので
　　ある。自席に座ったままで行う。
　▼小学校教諭　面接官2人　時間15分
　【課題】
　□あなたは，小学校5年生の学級担任です。
　　A男は学習への苦手意識が強く，授業では課題の取組みが消極的な
　児童です。最近では席の離れた仲間に大声で話しかけたり，自分の席
　を離れて他の児童にちょっかいを出したりするなど，授業規律を守ら
　ない行為が目立つようになりました。

　あなたは，話を聞くために放課後の教室にA男を残しました。

□あなたは，小学校5年生の学級担任です。

　ある日の放課後，A男が「今朝持ってきた傘がなくなった。」と訴え
てきました。翌日，クラスでこのことについて尋ねたところ，他の児
童から，「A男の傘をB男が持っていったのを見た。」との申し出があり
ました。

　あなたは，このことについて確認するため，B男を相談室に呼びま
した。

　私をB男だと考えて，話してください。

▼中学校教諭

【課題】

□あなたは，中学校3年生の学級担任です。

　A子は，最近，遅刻や欠席が増え，登校しても服装や授業態度など
で注意を受けることが目立つようになりました。同じクラスの生徒や
地域の住民から，A子が先週の土曜日の夜遅くまで男子高生のグルー
プと遊んでいたとの情報提供がありました。中には，飲酒や喫煙もし
ているようだという情報もありました。

　あなたは，このことについて確認するため，A子を相談室に呼びま
した。

　私をA子だと考えて，話して下さい。

□あなたは，中学校2年生の学級担任です。

　A男から，同じクラスのB男にからかわれたり嫌なことをさせられた
りして困っているとの相談がありました。このことについて，B男を
呼んで事情を聞いたところ，「A男とは友だちで，遊んでいるだけです。」
「無理に何かをさせることなんてしていません。」という答えが返って
きました。

　あなたは，この後どのように対応しますか。

　私をB男だと考えて，話してください。

▼特別支援

【課題】

□あなたは，知的障がい特別支援学校小学部1年生の学級担任です。

A子の保護者から，次のような電話がありました。

「先日の授業参観で遊びの指導を見せてもらったが，特別支援学校では，学習に教科書やノートを使わないのか。特別支援学校は小集団で丁寧に学習を見てくれると説明され，特別支援学校を選んだが，国語や算数の学習はいつ始まるのか。」

あなたは，担任として，どのように対応しますか。

私をA子の保護者だと考えて話してください。

□あなたは，特別支援学校中学部3年生の学級担任です。

A男の保護者が学校に来て，「今日，学校でうちの子が水遊びをしていたところ，隣の学級の先生に叱られたと泣いて帰ってきたが，どういうことか。」と，あなたに詰め寄りました。

自閉症スペクトラムのA男は，水飲み場が大好きで，休み時間にはいつも水飲み場で水遊びをしています。すぐに確かめたところ，昼休みに蛇口をいっぱいに開いて廊下を水浸しにしたり，自分もびしょびしょになったりしたので，注意を受けたことが分かりました。

あなたは，担任としてどのように対応しますか。

私をA男の保護者だと考えて話してください。


▼養護教諭

【課題】

□あなたは，中学校の養護教諭です。

2年生のA子は，1か月前から体調不良で欠席が増えています。登校しても「気持ちが悪い」と訴え，1時間目から保健室に来室することが多くなってきました。学級担任が保護者と話をしたところ，いつも一緒にいた女子グループから外されていて悩んでいるということが分かりました。

あなたは，来室したA子に，養護教諭としてどのように対応します

か。

　私をA子だと考えて，話してください。

□あなたは，中学校の養護教諭です。

　1年生のA男は，夏休み明けから授業中に落ち着きがなくなり，ささいな口げんかから友達に暴力をふるったり，仲裁に入った先生に暴言を浴びせたりすることが増えてきました。

　3時間目の授業中に友達とトラブルになって，興奮しているA男がクールダウンのため教科担任に連れられて，保健室にきました。

　あなたは，養護教諭としてどのように対応しますか。

　私をA男だと考えて，話してください。

◆個人面接B(2次試験)

　▼小学校教諭　面接官2人　時間15分

【質問内容】

□自己PR，長所，短所などの基本事項。

□教員の義務について。

※自己PRや長所，短所などの基本事項は必須。知識的な質問も1〜2問ある。

◆実技試験(2次試験)

　▼小学校教諭

【体育課題】

□鉄棒運動

逆上がり → 前回りおり

※4人グループで1人ずつ。

□表現運動

　提示されたテーマから表したいイメージをとらえ，即興的な表現や簡単なひとまとまりの表現で踊る。

※4人グループ。
□水泳
　クロール・平泳ぎ各25m
※5人グループでスタート。
【音楽課題】
□ピアノ演奏
　小学校学習指導要領に示された第4・5・6学年の歌唱の共通教材の中から1曲を選び，ピアノ伴奏をしながら歌唱する。伴奏譜を2部用意し，当日1部を検査員に提出。
※1人1〜2分ほど。曲は自分で選択できる。


▼特別支援
【体育課題】
□鉄棒運動
□表現運動
　題材から表したいイメージをとらえ，即興的な表現や簡単なひとまとまりの表現で踊る。
□水泳
　クロール又は平泳ぎで25m


▼養護教諭
　救急処置に関する実技。
※運動着に着替える必要なし。



◆集団面接(2次試験)
　▼小学校教諭　面接官2人　受験者5人　時間40分
【テーマ】
□あなたは6年生の担任です。6年生の仲が悪い。どのように改善していくか。

※机上に白，青，黄の画用紙が用意されている。白はメモ用紙，青は
　自分が取り組みたいと提示する用紙，黄は子どもに説明するときの
　ポイントを提示する用紙。
※試験官1人が進行してくれる。

# 2015年度　面接実施問題

## 新潟県

◆実技試験(1次試験)

▼中高英語

□英語によるオーラルプレゼンテーション(当日与えられた文章の音読，質疑応答など)

※面接官は日本人とALTが1名ずつ，計2名。英文を渡され，30秒黙読した後音読。その後ALTから質問が1問あり，英語で答える。

▼中学技術

※当日，課題を提示する。

※携行品は，三角定規1組，コンパス，実技用実習着であった。

▼中学家庭

※当日，課題を提示する。

※携行品は，裁縫用具一式(裁ちばさみ，糸切りばさみ，指ぬき，チャコペンシル，へら，まち針，しつけ糸)であった。

▼中学音楽

【課題1】

□弾き歌い

　平成26年度用文部科学省検定済教科書中学校音楽科用に掲載されている「赤とんぼ」「花の街」「夏の思い出」「浜辺の歌」「荒城の月」「花」「早春賦」の中から当日指定する1曲を，ピアノ伴奏をしながら歌唱する。

※楽譜は当日指定したものを使用する。

※面接官は3人。

※ピアノの上に楽譜が用意されており，準備ができたら開始する。

・声出しは会場ではできないので，家でやっておくとよい。

【課題2】

□アルトリコーダーによる視奏

　※曲は当日指定する。

　※面接官は2人。

　※30秒間楽譜を見てから開始する。

　※携行品は，アルトリコーダーであった。

　・音階練習が効果的である。


▼中学保体

【必修課題】

□ダンス(創作ダンス)

□柔道又は剣道から1種目選択

【指定課題】

□マット運動

□ハードル走

□水泳

□バスケットボール又はバレーボールから1種目選択

　※指定課題は，4種目の中から3種目が実施される。

　※携行品は，運動着上下，運動靴(屋内用，屋外用)，水着，柔道を
　　選択する者は柔道着，剣道を選択する者は竹刀及び防具であった。


▼高校保体

【必修課題】

□マット運動

　伸膝後転，側方倒立回転，前方倒立回転跳び

□ハードル走

□水泳

　クロール25m，ターン，他の泳法で25m

【選択課題1】

□バスケットボール

□バレーボール

　※2種目から1種目を選択して行う。

　※バスケットボールは，レイアップシュート，ミドルシュート，リ
　　バウンドシュートを行った。

【選択課題2】

□柔道

□剣道

□ダンス(創作ダンス)

　※3種目から1種目を選択して行う。

　※柔道は，前回り受身，投げ技2種類を行った。

　※携行品は，運動着上下，運動靴(屋内用，屋外用)，水着，柔道を
　　選択する者は柔道着，剣道を選択する者は竹刀及び防具であった。


▼中学美術

【課題1】

□デッサン

　　下記の条件に従い，鉛筆で画用紙に，1つの紙コップと持参した
　はさみのデッサンをしなさい。

〈条件〉

(1)紙コップとはさみを自由に構成しなさい。

(2)紙コップを切ったりしないこと。

(3)画用紙の縦・横は自由とするが，画用紙にはさみと紙コップが収
　まるようにデッサンすること。

　※画用紙A3判1枚，画鋲4個，カルトン，下絵用紙1枚，紙コップ2個
　　が配布される。

【課題2】

□平面構成

　下記の条件に従い，配付された色紙を用いて，平面構成をしなさい。

〈条件〉

(1)主題を「爆発」とし，そのイメージを表現すること。

(2)必要に応じて色紙を切り抜き，のりで剥がれないように貼り付けること。

(3)貼り付ける色紙は重ねて貼ってもよい。

(4)画面構成は色紙のみとし，鉛筆等で書き加えることは禁止する。

※画用紙A4判1枚，色紙1組，構想用紙1枚が配布される。

※携行品は，三角定規一組，鉛筆(デッサン用)，消しゴム，はさみ，のり，コンパス，カッターナイフ，カッターマット(A4程度)であった。

※上記の携行品以外の用具は使用禁止である。また，用具の貸し借りも禁止である。

◆個人面接Ⅰ(2次試験)　面接官2人　受験生1人　20分

※個人面接Ⅰでは模擬授業と場面指導が引き続き行われ，面接官も同じである。

〈模擬授業〉

※2分で構成を考え，10分間模擬授業を行う。

※事前に用意した教材，指導案を検査室に持ち込むことはできない。

※面接官2人はともに児童・生徒役となる。

※模擬授業の課題は，検査時に提示する。

▼小学校教諭

【課題】

□あなたは，5年生の国語の時間に，「俳句」の授業をすることになりました。自分でも俳句をつくってみたいという気持ちをもたせるために，あなたは，どのような授業を行いますか。

　　下記の俳句を教材とし，私たちを児童に見立てて，10分程度で授業を行ってください。

　荒海や佐渡によこたう天の河　　松尾芭蕉

　　必要があれば，黒板を用いても結構です。構想がまとまったら，始めてください。

□あなたは，6年生の国語の時間に，「短歌」の授業をすることになりました。短歌の面白さを感じ取らせるために，あなたは，どのような授業を行いますか。

　　下記の短歌を教材とし，私たちを児童に見立てて，10分程度で授業を行ってください。

　かすみ立つ長き春日に子供らと手まりつきつつこの日くらしつ
　　　　　　　　　　　　　　　　　　　　　　　良寛

　　必要があれば，黒板を用いても結構です。構想がまとまったら，始めてください。

□あなたは，6年生の社会科の時間に，「我が国と経済や文化などの面でつながりが深い国の人々の生活の様子」の授業を行うことになりました。その導入段階で，自分が調べたい国を1つ選択させます。児童が目的意識をもって学習に取り組むために，あなたはどのような授業を行いますか。

　　私たちを児童に見立てて，10分程度で授業を行ってください。必要があれば，黒板を用いても結構です。構想がまとまったら，始めてください。

□あなたは，6年生の社会科の時間に，「我が国と経済や文化などの面でつながりが深い国の人々の生活の様子」の授業を行うことになりました。前時に児童一人一人が調べたい国を決め，本時はその学習計画を立てます。あなたはどのような授業を行いますか。

　　私たちを児童に見立てて，10分程度で授業を行ってください。必要があれば，黒板を用いても結構です。構想がまとまったら，始めてください。

□あなたは，2年生の算数の時間に，「加法と減法の相互関係」の授業

を行うことになりました。本時は，下記の課題で授業を行います。

　　バスにお客が27人乗っていました。次のバス停で，何人か乗ってきたので，お客は全部で34人になりました。

　　バス停から乗ってきたお客さんは，何人でしょうか。

　　私たちを児童に見立てて，10分程度で授業を行ってください。必要があれば，黒板を用いても結構です。構想がまとまったら，始めてください。

□あなたは，3年生の理科の時間に，「光の性質」の授業をすることになりました。これまでに，鏡を使ってはね返した日光の進み方や，明るさと暖かさなどを調べる実験をしてきました。

　　本時は，虫眼鏡を使って日光を集める実験の計画を立てます。実験の観点や方法を明確にするために，あなたは，どのような授業を行いますか。

　　私たちを児童に見立てて，10分程度で授業を行ってください。必要があれば，黒板を用いても結構です。構想がまとまったら，始めてください。

・児童役の面接官に発問し，その答えに適宜対応するような流れで行うとよい。


▼中学国語
【課題】
□2年生で，短歌を創作する授業を行うことになりました。そのために，次の短歌を教材として用意しました。

若山牧水
　　鳶いろのひとみの児等のゆきかへる日本の港にわれも旅人
　　恋ひこがれし海にゆくとて買ふシヤボンわが蒼き掌に匂ふ朝の街
　　あをやかに双眼鏡にうつり出で五月の沖に魚釣る児等よ
　　わが眠る崎の港をうす青き油絵具に染めて雨ふる

　　このとき，あなたなら，どのような授業を行いますか。
　　私たちを生徒に見立てて，10分程度の授業を行ってください。必

要があれば，黒板を用いても結構です。構想がまとまったら始めてください。

□2年生で，短歌を創作する授業を行うことになりました。そのために，次の短歌を教材として用意しました。

斎藤茂吉

油蟬いま鳴きにけり大かぜのなごりの著るき百日紅のはな

うつつなるわらべ専念あそぶこゑ巌の陰よりのびあがり見つ

とほく来し友をうれしみ秋さむき銀座の店に葡萄もちて食む

雨あとのいちごの花の幽かにて咲けるを見れば心なごむも

このとき，あなたなら，どのような授業を行いますか。

私たちを生徒に見立てて，10分程度の授業を行ってください。必要があれば，黒板を用いても結構です。構想がまとまったら始めてください。

□2年生で，短歌を創作する授業を行うことになりました。そのために，次の短歌を教材として用意しました。

斎藤茂吉

秋のかぜ吹きてゐたれば遠かたの薄のなかに曼珠沙華赤し

いちめんの唐辛子畑に秋のかぜ天より吹きて鴉おりたつ

とろとろとあかき落葉火もえしかば女の男の童をどりけるかも

蚊帳のなかに放ちし螢夕さればおのれ光りて飛びて居りけり

このとき，あなたなら，どのような授業を行いますか。

私たちを生徒に見立てて，10分程度の授業を行ってください。必要があれば，黒板を用いても結構です。構想がまとまったら始めてください。

▼高校国語

【課題】

□「国語総合」の授業で，生徒が古文に親しみ，興味関心をもつことを目標に，次の古文を学習することにしました。

このとき，あなたならどのように指導しますか。私たちを生徒だ

と思って，授業を行ってください。

伊勢物語　東下り

　　昔，男ありけり。その男，身を要なきものに思ひなして，京にはあらじ，東の方に住むべき国求めにとて行きけり。もとより友とする人，ひとりふたりして行きけり。道知れる人もなくて，惑ひ行きけり。三河の国八橋といふ所に至りぬ。そこを八橋と言ひけるは，水ゆく川の蜘蛛手なれば，橋を八つ渡せるによりてなむ，八橋と言ひける。その沢のほとりの木の陰に下りゐて，乾飯食ひけり。その沢に，かきつばたとおもしろく咲きたり。それを見て，ある人のいはく，「かきつばた，といふ五文字を句の上に据ゑて，旅の心を詠め。」と言ひければ，詠める。

　　　　から衣着つつなれにしつましあればはるばるきぬる旅をしぞ思ふ

と詠めりければ，みな人，乾飯の上に涙落として，ほとびにけり。

□「国語総合」の授業で，生徒が古文に親しみ，興味関心をもつことを目標に，次の古文を学習することにしました。

　　このとき，あなたならどのように指導しますか。私たちを生徒だと思って，授業を行ってください。

土佐日記　門出

　　男もすなる日記といふものを，女もしてみむとてするなり。

　　それの年の十二月の二十日あまり一日の日の戌の刻に，門出す。そのよし，いささかにものに書きつく。

　　ある人，県の四年五年果てて，例のことどもみなし終へて，解由など取りて，住む館より出でて，船に乗るべき所へ渡る。かれこれ，知る知らぬ，送りす。年頃よくくらべつる人々なむ，別れがたく思ひて，日しきりに，とかくしつつ，ののしるうちに，夜更けぬ。

　　二十二日に，和泉の国までと，平らかに願立つ。藤原のときざね，船路なれど，馬のはなむけす。上中下，酔ひ飽きて，いとあやしく，潮海のほとりにて，あざれ合へり。

▼中学数学

【課題】

□1年生の「正の数・負の数」において，「符号のついた数」の単元で，「富士山の標高は3776m，日本海溝の最大水深は8020m」という教材を用いて，正の数と負の数を用いるよさに気づかせる授業を行うことになりました。

　このとき，あなたなら，どのような授業を行いますか。

　私たちを生徒に見立てて，10分程度で授業を行ってください。必要があれば，黒板を用いて構いません。構想がまとまったら始めてください。

□2年生の「基本的な平面図形と平行線の性質」において，「多角形の角」の単元で，前時までに生徒は，多角形の内角の和の求め方を学習しました。「n角形の内角の和は，$180°×(n-2)$で求められる」ことを用いて，多角形の外角の和を求める学習の導入の授業を行うことになりました。

　このとき，あなたなら，どのような授業を行いますか。

　私たちを生徒に見立てて，10分程度で授業を行ってください。必要があれば，黒板を用いて構いません。構想がまとまったら始めてください。

□3年生の「関数$y=ax^2$」において，「関数$y=ax^2$の値の変化」の単元で，2乗に比例する関数の変化の割合の特徴を理解させるために，「関数$y=2x^2$と$y=2x$」という教材を用いて，授業を行うことになりました。

　このとき，あなたなら，どのような授業を行いますか。

　私たちを生徒に見立てて，10分程度で授業を行ってください。必要があれば，黒板を用いても構いません。構想がまとまったら始めてください。

▼高校数学

【課題】

□「数学Ⅰ」の「数と式」の授業で，「集合を用いて命題の真偽を調べること」について学習することにしました。

　このとき，あなたならどのように指導しますか。私たちを生徒だと思って，授業を行ってください。

□「数学Ⅱ」の「微分・積分の考え」の授業で，「定積分と微分法に関する公式 $\dfrac{d}{dx}\displaystyle\int_a^x f(t)dt = f(x)$ (ただし$a$は定数)」について学習することにしました。

　このとき，あなたならどのように指導しますか。私たちを生徒だと思って，授業を行ってください。


▼中学社会

【課題】

□地理的分野の学習「世界の諸地域」において，アフリカの特色ある地理的事象を取り上げ，アフリカに暮らす人々の地域的特色を理解させるための授業を行うことになりました。

　このとき，あなたなら，どのような授業を行いますか。

　私たちを生徒に見立てて，10分程度で授業を行ってください。必要があれば黒板を用いても結構です。構想がまとまったら始めてください。

□歴史的分野の学習「古代までの日本」において，縄文時代や弥生時代の人々の生活の様子について，考古学の成果を活用しながら具体的に理解させるための授業を行うことになりました。

　このとき，あなたなら，どのような授業を行いますか。

　私たちを生徒に見立てて，10分程度で授業を行ってください。必要があれば黒板を用いても結構です。構想がまとまったら始めてください。

□公民的分野の学習「市場の働きと経済」の中の「消費生活と市場経済」の単元において，ICTの発達により様々な方法が用いられるようになった現在の流通システムや支払いシステムを例にした授業を行うことになりました。

　このとき，あなたなら，どのような授業を行いますか。

　私たちを生徒に見立てて，10分程度で授業を行ってください。必要があれば黒板を用いても結構です。構想がまとまったら始めてください。

▼高校歴史

【課題】

□次の2題のうち，どちらかを選択してください。

〈世界史B〉

　「世界史B」の授業で，「秦による中国統一と統治」について学習することにしました。

　このとき，あなたならどのように指導しますか。私たちを生徒だと思って，授業を行ってください。

〈日本史B〉

　「日本史B」の授業で，「享保の改革」について学習することにしました。

　このとき，あなたならどのように指導しますか。私たちを生徒だと思って，授業を行ってください。

□次の2題のうち，どちらかを選択してください。

〈世界史B〉

　「世界史B」の授業で，「1848年二月革命以後のイタリア統一運動」について学習することにしました。

　このとき，あなたならどのように指導しますか。私たちを生徒だと思って，授業を行ってください。

〈日本史B〉

　「日本史B」の授業で，「大日本帝国憲法の特色」について学習することにしました。

　このとき，あなたならどのように指導しますか。私たちを生徒だと思って，授業を行ってください。

▼高校公民

【課題】

□次の2題のうち，どちらかを選択してください。

〈倫理〉

　「倫理」の授業で，「カントの思想における自由と自律」について学習することにしました。

　このとき，あなたならどのように指導しますか。私たちを生徒だと思って，授業を行ってください。

〈政治・経済〉

　「政治・経済」の授業で，「日本国憲法における司法権の独立」について学習することにしました。

　このとき，あなたならどのように指導しますか。私たちを生徒だと思って，授業を行ってください。


▼中学理科

【課題】

□1年生の「身の回りの物質」について，単元「物質の融点と沸点」の授業を行うことになりました。生徒は，物質が状態変化するときの温度を測定し，学習を進めていきます。

　このとき，あなたなら，どのような授業を行いますか。

　私たちを生徒に見立てて，10分程度で授業を行ってください。必要があれば黒板を用いても結構です。構想がまとまったら始めてください。

□2年生の，「化学変化と原子・分子」について，単元「物質の分解」の授業を行うことになりました。生徒は，熱や電流によって物質を分解する実験を行い，学習を進めていきます。

　このとき，あなたなら，どのような授業を行いますか。

　私たちを生徒に見立てて，10分程度で授業を行ってください。必要があれば黒板を用いても結構です。構想がまとまったら始めてください。

□3年生の「生命の連続性」について，単元「生物の成長と殖え方」の授業を行うことになりました。生徒は，体細胞分裂の観察を行って，学習を進めていきます。

　このとき，あなたなら，どのような授業を行いますか。

　私たちを生徒に見立てて，10分程度で授業を行ってください。必要があれば黒板を用いても結構です。構想がまとまったら始めてください。

□1年生の「大地の成り立ちと変化」について，単元「地層の重なりと過去の様子」の授業を行うことになりました。生徒は，地層とその中の化石を手掛かりとして過去の環境と地質年代を推定する学習を進めていきます。

　このとき，あなたなら，どのような授業を行いますか。

　私たちを生徒に見立てて，10分程度で授業を行ってください。必要があれば黒板を用いても結構です。構想がまとまったら始めてください。

▼高校物理
【課題】
□「物理」の授業で，「誘導起電力」について学習することにしました。

　このとき，あなたならどのように指導しますか。私たちを生徒だと思って，授業を行ってください。

▼高校化学
【課題】
□「化学」の授業で，「塩化ナトリウム水溶液の電気分解」について学習することにしました。

　このとき，あなたならどのように指導しますか。私たちを生徒だと思って，授業を行ってください。

▼中学英語

【課題】

□今日の授業で "That boy is Tom. Do you know him?" の "him" のよう
　な，人称を表す代名詞を新出表現として学習することになりました。

　　このとき，あなたなら，どのような授業を行いますか。

　　私たちを生徒に見立てて，10分程度で授業を行ってください。な
　お，新出表現を提示する場面は，全て英語で行ってください。必要
　があれば黒板を用いても結構です。構想がまとまったら始めてくだ
　さい。

□今日の授業で "We are going to play basketball after school." のような，
　"be going to" を用いた未来表現を新出表現として学習することにな
　りました。

　　このとき，あなたなら，どのような授業を行いますか。

　　私たちを生徒に見立てて，10分程度で授業を行ってください。な
　お，新出表現を提示する場面は，全て英語で行ってください。必要
　があれば黒板を用いても結構です。構想がまとまったら始めてくだ
　さい。

□今日の授業で "Those boys playing soccer are my friends." のような，
　現在分詞の後置修飾を新出表現として学習することになりました。

　　このとき，あなたなら，どのような授業を行いますか。

　　私たちを生徒に見立てて，10分程度で授業を行ってください。な
　お，新出表現を提示する場面は，全て英語で行ってください。必要
　があれば黒板を用いても結構です。構想がまとまったら始めてくだ
　さい。

▼高校英語

【課題】

□「英語表現Ⅰ」の授業で，自分の意見や考え方を簡潔に書いたり話
　したりすることをねらいとしたコミュニケーション活動を行うこと
　にしました。

このとき，次のテーマを用いて，あなたならどのように指導しますか。私たちを生徒だと思って，英語で授業を行ってください。

[Which do you prefer, individual sports or team sports?]

□「英語表現Ⅰ」の授業で，自分の意見や考え方を簡潔に書いたり話したりすることをねらいとしたコミュニケーション活動を行うことにしました。

このとき，次のテーマを用いて，あなたならどのように指導しますか。私たちを生徒だと思って，英語で授業を行ってください。

[If you had a lot of time and money, where would you like to go on vacation?]

▼中学技術

【課題】

□1年生を対象に，「材料の特徴」について，授業を行うことになりました。製作題材では，木材を主材料とした作品を製作していきます。そのために，ここでは「木材の特徴」を学習課題とします。

このとき，あなたなら，どのような授業を行いますか。

私たちを生徒に見立てて，10分程度の授業を行ってください。必要があれば，黒板や見本材を用いても結構です。構想がまとまったら始めてください。

▼中学家庭

【課題】

□「衣服の選択と手入れ」の内容のうち，「衣服の適切な選択」の導入の授業を行うことになりました。

このとき，あなたなら，どのような授業を行いますか。

私たちを生徒に見立てて，10分程度で授業を行ってください。必要があれば黒板を用いても結構です。構想がまとまったら始めてください。

▼中学音楽

【課題】

□1年生の「詩や曲の雰囲気に合った声で，言葉を大切にして歌おう」という題材の，第1時間目の授業を行うことになりました。歌唱教材は「赤とんぼ」とします。

　　このとき，あなたなら，どのような授業を行いますか。

　　私たちを生徒に見立てて，10分程度で授業を行ってください。必要があれば黒板を用いても結構です。構想がまとまったら始めてください。

□3年生の「詩や曲が作られた背景を理解して，曲に込められた思いを表現しよう」という題材の，最後の時間の授業を行うことになりました。歌唱教材は「花の街」とします。前時までに，作詞者が詩に込めた思いについて考え，その思いを生かすような歌い方を工夫する学習をしてきています。

　　このとき，あなたなら，どのような授業を行いますか。

　　私たちを生徒に見立てて，10分程度で授業を行ってください。必要があれば黒板を用いても結構です。構想がまとまったら始めてください。

▼中学保体

【課題】

□保健の授業で，「精神機能の発達と自己形成」について学習することになりました。

　　このとき，社会性の発達と自己形成について，あなたなら，どのような授業を行いますか。

　　私たちを生徒に見立てて，10分程度で授業を行ってください。必要があれば黒板を用いても結構です。構想がまとまったら始めてください。

□保健の授業で，「生活に伴う廃棄物の衛生的管理」について学習することになりました。

　このとき，生活によって生じた廃棄物の衛生的な処理の必要性について，あなたなら，どのような授業を行いますか。

　私たちを生徒に見立てて，10分程度で授業を行ってください。必要があれば黒板を用いても結構です。構想がまとまったら始めてください。

□体育の授業で，「運動やスポーツの多様性」について学習することになりました。

　このとき，運動やスポーツの学び方について，あなたはどのような授業を行いますか。

　私たちを生徒に見立てて，10分程度で授業を行ってください。必要があれば黒板を用いても結構です。構想がまとまったら始めてください。


▼高校保体

【課題】

□「保健」の「保健・医療制度及び地域の保健・医療機関」の授業で，「医薬品の種類と使い方」について学習することにしました。

　このとき，あなたならどのように指導しますか。私たちを生徒だと思って，授業を行ってください。

□「保健」の「社会生活と健康」の授業で，「食品の安全性と食中毒の防止」について学習することにしました。

　このとき，あなたならどのように指導しますか。私たちを生徒だと思って，授業を行ってください。


▼中学美術

【課題】

□3年生の題材「生命を感じる形」の授業を行うことになりました。

　生徒は「命」をテーマにして，10×10×20cmの石膏材でできた角柱を削って抽象彫刻のオブジェを制作します。本時は，各自が「命」というイメージを考えます。

　このとき，あなたなら，どのような授業を行いますか。

　私たちを生徒に見立てて，10分程度で授業を行ってください。必要があれば黒板を用いても結構です。構想がまとまったら始めてください。

▼高校農業

【課題】

□「フードマイレージ」とは，食料の輸送重量に生産地から消費地までの輸送距離を掛けたものを言います。

　「農業と環境」の授業で，「フードマイレージ」について学習することにしました。

　このとき，あなたならどのように指導しますか。私たちを生徒だと思って，授業を行ってください。

▼高校機械

【課題】

□「機械工作」の授業で，炭素鋼の基本的な性質について学習することにしました。

　このとき，あなたならどのように指導しますか。私たちを生徒だと思って，授業を行ってください。

▼高校電気

【課題】

□「電気機器」の授業で，「変圧器の基本原理」について学習することにしました。

　このとき，あなたならどのように指導しますか。私たちを生徒だと思って，授業を行ってください。

▼高校建築

【課題】

□「建築構造設計」の授業で，一般的に用いられるラーメンの例を図で示し，静定ラーメンを解くときの考え方を学習することにしました。

　このとき，あなたならどのように指導しますか。私たちを生徒だと思って，授業を行ってください。

▼高校土木

【課題】

□「測量」の授業で，「トラバース測量の概略」について学習することにしました。

　このとき，あなたならどのように指導しますか。私たちを生徒だと思って，授業を行ってください。

▼高校商業

【課題】

□「ビジネス基礎」の「経済と流通の基礎」の授業で，流通の役割としくみについて学習することにしました。

　このとき，あなたならどのように指導しますか。私たちを生徒だと思って，授業を行ってください。

▼特別支援学校

【課題】

□あなたは，知的障害特別支援学校小学部6年生2学級7人の児童による生活単元学習を，4人の教師で担当しています。

　10月の修学旅行は，児童の実態や興味・関心から，県内の水族館と遊園地に行くことが決まり，事前学習として「修学旅行に行こう」の授業を行うことになりました。

　導入段階で，個人差の大きい集団を考慮し，一人一人に期待感を

もたせ，目的意識と学習意欲を高めるために，あなたはメインティーチャーとして，どのような授業を行いますか。

　私たちを児童に見立てて，10分程度で授業を行ってください。必要があれば，黒板を用いても結構です。構想がまとまったら始めてください。

□あなたは，知的障害特別支援学校小学部4年生2人，5年生1人，6年生2人の計5人の児童による遊びの指導を，3人の教師で担当しています。

　児童の発達の程度や特性は大きく異なり，同じ活動で一緒に楽しむことが難しい集団です。しかし，個々の児童はそれぞれに好きな活動があり，意欲的に取り組むことから，一人一人が楽しめる「遊びの広場」をつくることにしました。

　授業の中盤で，児童が遊びを発展させ，教師や友達とかかわるために，あなたはメインティーチャーとして，どのような授業を行いますか。

　私たちを児童に見立てて，10分程度で授業を行ってください。必要があれば，黒板を用いても結構です。構想がまとまったら始めてください。

□あなたは，知的障害特別支援学校中学部1年生6人の生徒による生活単元学習を，2人の教師と1人の支援員で担当しています。

　生徒たちは，七夕パーティーを行う計画を立て，その準備に意欲的に取り組んできました。明日は，バスに乗って七夕飾りの材料を買いに行くことになり，「七夕飾りの材料を買いに行こう」の授業を行うことになりました。

　生徒が安全に行動し，計画どおりの買い物をしてくるために，あなたはメインティーチャーとして，どのような事前の授業を行いますか。

　私たちを生徒に見立てて，10分程度で授業を行ってください。必要があれば，黒板を用いても結構です。構想がまとまったら始めてください。

□あなたは，知的障害特別支援学校高等部1年生6人，2年生5人，3年生7人の計18人の生徒による作業学習を，4人の教師と1人の実習助手で担当しています。

　　秋の文化祭で，作業学習で製作した製品を販売することになりました。しかし，文化祭が近づいてきていますが，4つある作業工程のうち1つの作業工程が滞ってしまい，製品の数が販売予定数より大幅に足りないという状況です。

　　生徒が現在の状況に気付き，改善策を見出すために，あなたはメインティーチャーとして，どのような授業を行いますか。

　　私たちを生徒に見立てて，10分程度で授業を行ってください。必要があれば，黒板を用いても結構です。構想がまとまったら始めてください。

□あなたは，知的障害特別支援学校小学部4年生2人，5年生1人，6年生2人の計5人の児童による遊びの指導を，3人の教師で担当しています。

　　児童の発達の程度や特性は大きく異なり，同じ活動で一緒に楽しむことが難しい集団です。しかし，個々の児童はそれぞれに好きな活動があり，意欲的に取り組むことから，一人一人が楽しめる「遊びの広場」をつくることにしました。

　　授業の導入で，児童に「遊びの広場」に興味・関心をもたせ，様々な遊具等で遊んでみたいという意欲を高めるために，あなたはメインティーチャーとして，どのような授業を行いますか。

　　私たちを児童に見立てて，10分程度で授業を行ってください。必要があれば，黒板を用いても結構です。構想がまとまったら始めてください。

〈場面指導〉

※時間は3〜5分。

※場面指導の課題は，検査時に提示する。

▼小学校教諭

【課題】

□あなたは3年生の担任になりました。図画工作の時間に，粘土を使って造形遊びをしていると，AさんがBさんの作品を見て笑い出しました。すると，Bさんが怒って，Aさんの作品を床に叩きつけて壊し，そのまま教室から出て行こうとしています。

　私がそこで児童役をしますので，この状況で，あなたは学級担任として，AさんやBさんに対して，どのような指導をしますか。先生が教室にいて，Bさんが教室を飛び出そうとするところから始めてください。

□あなたは6年生の担任になりました。算数の授業のときに，Aさんは机にうつぶせて眠っています。Aさんを起こすと，「昨日，夜遅くまで宿題をしていたから，眠いです。先生のせいです。」と言います。近くにいたBさんも「そうだ。宿題が多すぎるせいだ。」と同調しています。

　私がそこで児童役をしますので，この状況で，あなたは学級担任として，AさんやBさんに対して，どのような指導をしますか。先生が教室にいて，Aさんを起こすところから始めてください。

□あなたは5年生の担任になりました。体育の時間に，リレーのゲームを行いました。ゲームの後，バトンを落としたAさんを同じチームのBさんが「バトンを落としたから負けたんだ。」と激しく責めています。まわりの児童は知らないふりをしています。

　私がそこで児童役をしますので，この状況で，あなたは学級担任として，AさんやBさんに対して，どのような指導をしますか。先生がグラウンドにいて，BさんがAさんを責めているところから始めてください。

□あなたは5年生の担任になりました。昼休みに教室に行くと，Aさんが「Bさんが学校に漫画雑誌を持ってきています。先生から注意してください。」と訴えてきました。Bさんに聞くと，「読書をするために，持ってきました。学校の図書室にも漫画があるから，いいと

思います。」と言いました。Aさんは「そんなのおかしい。」と怒っています。

　私がそこで児童役をしますので，この状況で，あなたは学級担任として，AさんやBさんに対して，どのような指導をしますか。先生が教室にいて，Bさんに漫画雑誌を持ってきているかを聞くところから始めてください。

□あなたは2年生の担任になりました。放課後，教室に行くと，学級で飼っているハムスターがいなくなっていました。その日の当番がAさんだったため，Bさんが激しく責めています。近くにいた数名の児童もBさんに同調しはじめ，Aさんは泣きそうになっています。

　私がそこで児童役をしますので，この状況で，あなたは学級担任として，AさんやBさんに対して，どのような指導をしますか。先生が教室にいて，Bさんが責めだしたところから始めてください。

□あなたは4年生の担任になりました。放課後，教室に行くと，AさんとBさんがチョコレートを食べていました。二人に注意すると，Aさんは「今日は私の誕生日なので，Bさんがプレゼントしてくれたんです。」と言いました。Bさんは「約束していたので持ってきたのに，私のせいでAさんが叱られた。」と下を向いてしまいました。

　私がそこで児童役をしますので，この状況で，あなたは学級担任として，AさんやBさんに対して，どのような指導をしますか。先生が教室に入って，二人に注意するところから始めてください。

▼中学校教諭
【課題】
□清掃指導をしています。机を運ぼうとしている2人の生徒が「Cさんの机を誰が運ぶか」で，もめています。

　Aさん「誰がこのCさんの机を運ぶ？俺はやだ！おまえ運べよ」
　Bさん「私だって嫌だよ」「あいつキモいし…」「じゃんけんで決めよう」

　私がそこで生徒役をしますので，この状況で，あなたはAさん，

Bさんに対して，どのように指導しますか。じゃんけんで決めよう
としたところから，始めてください。

□あなたの学級の生徒全員が放課後残って，係活動の班ポスターを描
いています。

　　ちょっと席を外し，戻ったところ，Aさん，Bさんが班の活動に
は参加しないで，後ろの方で集まってヒソヒソ話をしていました。
他の生徒は一生懸命，班のポスターを描いています。

　　私がそこで生徒役をしますので，この状況で，あなたは学級担任
として，Aさん，Bさんに対して，どのように指導しますか。あな
たが教室に入ってきたところから始めてください。

□あなたは学級活動の授業をしています。「薬物乱用防止の資料」を
あなたが範読し，みんな静かに聞いていました。

　　そのとき一番前の席のAさんが後ろに座っているBさんに話しか
けてきました。

Aさん「昨日のさあ，夜のテレビでも危険ドラッグの特集やってた
　　よな」

Bさん「そうそう，有名な歌手も薬物やってたのショックだったな」

　　あなたが「静かに聞きなさい」と注意するとAさんが次のように
言い返してきました。

Aさん「先生の読んでいる資料について，話し合っているんだ。何
　　が悪い」

　　あなたは学級担任として，この状況で，どのように対応していき
ますか。私がそこでAさんの役をしますので，Aさんが「何が悪い」
と言った後から始めてください。

□昼休み校舎を巡視しているとトイレの前からタバコのにおいがして
きました。中に入っていったところ，Aさんがタバコに火をつけ，
くわえていました。あなたの姿を見てあわててタバコを大便器の中
に投げ捨て，吸い殻を水で流してしまいました。

　　私がそこでAさんの役をしますので，この状況であなたはどのよ
うに対応しますか。吸い殻を流し終わったところから始めてくださ

い。

□昼休み廊下にいると教室からBさんが青い顔をして出てきて「Aさんに体操着のズボンを下ろされた」と訴えてきました。

そうしたら，脇にいたAさんはこう言いました。

「ちょっとした悪ふざけで下ろしたんだ」「下には短パンはいていたし，パンツは見えなかったからいいじゃないか」

私がそこで生徒の役をしますので，この状況で，あなたは学級担任として，AさんとBさんにどのような指導をしていきますか。Aさんの言い分を聞いた後から始めてください。

□あなたは中学1年生の担任です。あなたのクラスのAさん(男)とBさん(女)は同じマンションに住んでいる幼なじみで，親同士のつきあいもあり，小さい頃から兄妹のように育ってきました。

昼休みに教室にいると後ろの方でAさんとBさんが取っ組み合いを始めました。

「先生，さっきAさんが私の胸を触ったんです。『やめて』と言うんだけど笑いながらしつこいんです」Bさんが言いました。

「何言ってるんだ。さっきのはプロレスの技をかけようとしたんだ。プロレスしようと言ってきたのはおまえだろ」Aさんが言いました。

「そうだけど，さっきのはちょっとひどい！」Bさんが言いました。

私がそこで生徒役をしますので，この状況で，あなたは学級担任として，Aさん，Bさんに対して，どのような指導をしますか。Bさんの話を聴いた後から始めてください。

▼高等学校教諭
【課題】
□以前からやや自己中心的な傾向のある生徒Aが，あなたのクラスの文化祭実行委員になりました。数日後，元気がないので，生徒Aを呼んで理由を聞いたところ，「クラスのみんなが協力してくれない。」と言ってきました。

　　このあと，あなたは生徒Aにどのような指導を行いますか。私を
生徒Aであると想定して指導してください。

□年度初めの始業式があった日の放課後，生徒Aが，担任であるあな
　たのところに来て，「新しいクラスのみんなは，清掃がいい加減だ
　し，LHRでも先生の話を全く聞いていません。こんなクラスにいた
　くないから別のクラスに入れてください。」と言ってきました。

　　このあと，あなたは生徒Aにどのような指導を行いますか。私を
生徒Aであると想定して指導してください。

□あなたが担当する授業中に，クラス内でからかいの対象となること
　が多い生徒Aを指名して，自分の意見を述べるように答えさせたと
　ころ，その発言の途中で，生徒Bが「すげー」とばかにしたように
　口をはさんだので，クラスの中から笑いが起こりました。

　　このあと，あなたは生徒Bにどのような指導を行いますか。私を
生徒Bであると想定して指導してください。

□夏休みに，将来の職業を考えるための就業体験であるインターンシ
　ップを実施しようとしたところ，3学年の生徒Aが，「自分は毎日ア
　ルバイトをしているからインターンシップは必要ない。」と周りの
　生徒に言っていることが，担任であるあなたの耳に入りました。

　　このあと，あなたは生徒Aにどのような指導を行いますか。私を
生徒Aであると想定して指導してください。

□朝のSHRが終わったところで，生徒Aが遅れて教室に入ってきまし
　た。生徒Aは，何も言わずに担任であるあなたの前を素通りして自
　分の席に座りました。

　　生徒Aは，最近遅刻が多いだけでなく，顔色が悪いのであなたは
気になっていました。

　　このあと，あなたは生徒Aにどのような指導を行いますか。私を
生徒Aであると想定して指導してください。

□あなたは，授業中にマンガ本を読んでいた生徒Aからマンガ本を取
　り上げました。生徒Aは昼休みに職員室に来て，「その本はBさんか
　ら借りたものだから，今すぐ返してください。」と訴えてきました。

　このあと，あなたは生徒Aにどのような指導を行いますか。私を生徒Aであると想定して指導してください。


▼特別支援学校
【課題】
□あなたは，病弱特別支援学校の小学部5年生の担任です。6月，病気のため生活規制が必要と診断されたAさんが，あなたの学級に転入してきました。

　Aさんは，毎日学校には登校しますが，病気のためだけでなく，学習意欲が低下し，友達や先生方ともあまり話をしなくなりました。

　ある日Aさんの病室に行くと，「早くもとの学校に戻りたい。僕は病気じゃない。」と言って泣き出しました。

　私がそこでAさんの役をしますので，この状況で，あなたは担任として，Aさんにどのように対応しますか。Aさんが泣き出したところから始めてください。
□あなたは，中学部3年生の日頃から言動が荒く，苦手なことは避けようとする傾向が強いAさんの担任です。

　ある日の授業中，Aさんは教室を出ていこうとしました。あなたがAさんに「席に戻りなさい。」と注意すると，Aさんは「うるせぇ」と大声を出し，出て行こうとしました。

　私がそこでAさん役をしますので，この状況で，あなたは担任として，Aさんにどのように対応しますか。Aさんが出て行こうとしたところから始めてください。
□あなたは，高等部1年生の担任です。担任するAさんは，4月中は元気に登校していましたが，5月の連休を過ぎる頃から休みがちになりました。

　ある日，登校したAさんに欠席の理由を聞くと，「体育の先生が怖い。速く走れ！歩くな！といつも怒鳴っている。自分にだけ大きな声を出すから，みんなに笑われる。会いたくない。」と泣きながら訴えてきました。

　　私がそこでAさん役をしますので，この状況で，あなたは担任として，Aさんにどのように対応しますか。Aさんの訴えを聞くところから始めてください。

□あなたは，高等部3年生Aさんの担任です。現場実習が始まり，Aさんの実習先を訪問すると，Aさんは「こんな所はいやだ。私は悪くないのに，みんなが意地悪をする。もうやめたい。」と訴えてきました。

　　実習先の職員に話を聞くと，昨日から失敗が多く，それを気にしているのではないかと言うことでした。

　　私がそこでAさんの役をしますので，この状況で，あなたは担任として，Aさんにどのように対応しますか。Aさんの訴えを聞くところから始めてください。

□あなたは，肢体不自由特別支援学校の小学部3年生Aさんの担任です。Aさんは車いすを自力で動かし，元気に学校生活を送っていました。

　　ある日，登校するといつもと様子が違うことに気付き声をかけると，「昨日家に帰って外で遊んでいたら，小学校の友達から「お前は悪いことをしたから，立てなくなったんだ。」と言われた。僕は悪い子なのかな。」と悲しそうに話してくれました。

　　そこで私がAさんの役をしますので，この状況で，あなたは担任として，Aさんにどのように対応しますか。Aさんが話してくれたところから始めてください。


◆個人面接Ⅱ(2次検査)　面接官2〜3人　受験生1人　25〜30分
▼小学校教諭
【質問内容】
□模擬授業の試験はどうだったか。
□休日はどのように過ごしているか。
□教員を志望した理由を述べよ。
□講師経験で感じたことは何か。

□保護者対応等の仕方で，心がけていることは何か。

□あなたの長所・短所はどこか。

□他県は受けたか，両方受かったらどうするか，両方落ちたらどうするか。

□あなたが思う自分の趣味の良さは何か。

□「ダブルホーム活動」とは何か。

□佐渡や粟島でも勤務可能か。

□教育実習で辛かったことは何か。

□叱って嫌われる先生と，叱らずに愛される先生，どちらになりたいか。

□どのような学級経営をしたいか。

□どのようにして叱るのがよいか。

□ピアノはどれくらい弾けるか。

・自己申告カードや受験願書に書いた内容について質問された。


▼高校国語

【質問内容】

□教員を志望した理由を述べよ。

□新潟県を志望した理由を述べよ。

□僻地での勤務は可能か。

□コミュニケーション能力はあるか。

□忍耐力はあるか。

　　→そう思ったのはどのような経験があってのことか。

□日常英会話はできるか。

□(留学に行っていた場合)，そこで学んだことは何か。

□部活指導は何ができるか。

□専門外の部活動の指導をできるか。

□モンスターペアレンツにはどう対処するか。

□教員の飲酒運転などが問題になっているが，その他の行為も含め，あなたはどのように考えるか。

□年上の教員が体罰をしていたら，あなたはどうするか。
□教員免許は間違いなく取得できるか。


▼高校数学
【質問内容】
□模擬授業の試験はどうだったか。
□新潟県の教員を志望した理由を述べよ。
□僻地での勤務は可能か。
□自分の専門以外の運動部の顧問を引き受けることは可能か。
□地元の教員採用試験は受験しているか。
□もし，新潟県と地元の両方で合格したらどうするか。
□あなたの考える「教員に必要な資質」とは何か。
□教職員の非違行為は後を絶たないが，あなたは教員になったらどのようなことに注意していくか。
□広島県での土砂災害や，東日本大震災など災害が頻発しており，教員も危機管理能力が必要だと考えられている。仮に，あなたの授業中に大地震が発生し，教室中の窓ガラスが割れ，窓際の生徒の中には割れたガラスでケガをしている生徒がいたとする。他の生徒たちも，大地震と友人達のケガで騒然となっている。そのような場合に，あなたはどのような対応を取るか。
□あなたが教務室に戻ってくると，保護者から電話がかかってきた。保護者は，「あなたが授業担当になってから，うちの子の成績が全然上がりません。このままだと，志望する大学に入れないかもしれない。どうしてくれるんですか？」と，怒りを露わにしている。あなたはこの保護者にどのような対応を取るか。
□あなたの今までの人生で，困難に直面して目的を達成できなかったり，挫折を味わった経験は何か。
□10年後，どんな教員になっていたいか。

▼中学音楽

【質問内容】

□採用試験の受験は新潟県だけか。

□新潟で音楽を教える意気について述べよ。

□民間就職は考えていなかったか。

□教育実習で行ったこと，辛かったことは何か。

□大学の学科で学んだことは何か。

□周りからどのような人と言われるか。

□理想の教師像はどのようなものか。

□新潟県の魅力は何か。

□大学の志望理由を述べよ。


▼高校保体

【質問内容】

□教師を目指したきっかけは何か。

□なぜ，高校の教師なのか。

□教師として一番大切にしなければならないことは何か。

□体罰はなぜ，行ってはいけないのか。

□大学では部活動を行っていたか。

□忍耐力はあるか，なぜそう思うか。

□教育に関するニュースで気になったものはあるか。

□コミュニケーション能力はあるか。

　　→なぜそう思うか。

□あなたが担任をしているクラスの保護者で「宿題を増やせ」という
　　親と「部活に専念させたいから減らせ」という親がいたとする。あ
　　なたはどう考え，どう対処していくか。

□ストレスは溜まりやすいか。

　　→解消法は何か。

□「キャリア教育」とは何か，自分の言葉で説明せよ。

□「生きる力」とは何か。

□懲戒免職となるような事態を起こさないために気をつけていることは何か。

□生徒と教師がSNSを通して連絡をとることについてどう思うか。

□他県は受けたか，その結果はどうだったか，両方受かったらどうするか。

□(他県も受験している場合は)どうして他県を受けたのか。

□専門外の部活動の指導をできるか。

□県内のどこでも勤務は可能か。

□部活動の部員から「先生の指導にはついていけないから退部する」と言われたらどうするか。


▼養護教諭

【質問内容】

□養護教諭を志望した理由を述べよ。

□新潟県を志望した理由を述べよ。

□実技試験のできはどうだったか。

□採用試験の受験は新潟県だけか。

□県内は広いが，転勤はできるか。

□理想の養護教諭像を述べよ。

□子どもから，命に関わるようなことや家庭内の重大な相談をされ，「誰にも言わないで」と言われたらどうするか。

□今日朝食は食べたか，昼食は食べたか，いつも食べているか。

□広島で起きた災害があなたの地域で起こり，学校も家も同じ状況で，あなたの家族が行方不明になったとしたら，どうするか。

□養護教諭として，どのようなことをしたいか。

□今の自分は養護教諭として何点か。

　　→なぜそう思ったか。

□中学校女子生徒のリストカットの跡を見つけたら，どう対処するか。

□あなたが啓発していることは何か。

□尊敬している人はいるか，それはどんな人か。

□中学の部活動での経験談と高校の部活動で学んだことについて。

□休みの日は何をして過ごしているか。

□学校支援ボランティアをやって学んだことは何か。

□大学生活で一番印象に残っていることは何か。

□小学5年生の女子児童が，最近休み時間一人でいることが増えたとする。その児童が，腹痛と頭痛を訴えて保健室に来室した。あなたなら，どう対応するか。

□養護教諭の職務で困ったことがあったら，どうするか。

□新潟県の魅力を述べよ。

□地域のつながりについては，どう思うか。

・自己PRについて質問された。

◆実技試験(2次試験)

▼小学校教諭

【体育課題】

□ボール投げ

　20m先の試験官に野球のボールを投げる。

　※一度練習して本番。本番は計3回。

□マット運動

　側転→倒立前転→伸膝後転

　※一度練習して本番。

□水泳

　クロール・平泳ぎ各25m

　※一度練習して本番。

　※クロール・平泳ぎは連続して行われる。

【音楽課題】

□歌唱

　小学校学習指導要領に示された第4・5・6学年の歌唱の共通教材の中から当日指定する1曲を，CD伴奏に合わせて歌唱する。

※歌詞つきの楽譜を，検査員が用意する。
□ピアノ演奏
　小学校学習指導要領に示された第4・5・6学年の歌唱の共通教材の中から1曲を選び，ピアノ伴奏をする。
※伴奏譜を2部用意し，当日1部を検査員に提出する。
※ピアノ演奏の時間は1分。演奏途中であっても打ち切られる。


▼養護教諭
【課題】
□右手親指を突き指した場合の適切な固定をしなさい。
□左手首を骨折した場合の適切な固定をしなさい。
□右上腕骨を骨折した場合の適切な固定をしなさい。
□左足首を捻挫し，外踝周囲の痛みがある場合の適切な固定をしなさい。
□右肘を打撲した場合の適切な固定をしなさい。
□左肩を脱臼した場合の適切な固定をしなさい。
※時間は10分。
※子ども役の試験官は，話しかけると反応してくれるが，必要以上のことは話さない。
※道具は，ひととおりそろっている(三角巾・包帯・氷嚢・シーネ・はさみ・シップ・テープ・絆創膏・タオルなど)。
※問題カードを読むのに制限時間はないが，机に戻したら開けない。


▼特別支援学校
【運動課題】
□ボール投げ
□マット運動
□水泳
　クロール・平泳ぎ各25m

【音楽課題】

□歌唱

小学校学習指導要領に示された第4・5・6学年の歌唱の共通教材の中から当日指定する1曲を，CD伴奏に合わせて歌唱する。

※歌詞つきの楽譜を，検査員が用意する。

※1番を歌い終わると止められる。

□ピアノ演奏

小学校学習指導要領に示された第4・5・6学年の歌唱の共通教材の中から1曲を選び，ピアノ伴奏をする。

※伴奏譜を2部用意し，当日1部を検査員に提出する。

## 新潟市

◆適性検査(1次試験)

【検査内容】

□クレペリン

◆個人面接(1次試験)　面接官2人　受験生1人　10分

※模擬授業が個人面接の中に含まれている。

〈模擬授業〉

▼小学校教諭

【課題】

□算数

3年生の割り算(等分除)

・試験官は反応はしない。

▼中学国語

【課題】

□中学校2年生の国語の授業で，短歌について学習します。

　　授業のねらい

　[作品に表れた情景や作者の思いを想像する。]

　教材となる短歌は，次のとおりです。

　[やはらかに柳あをめる北上<sub></sub>の岸辺目に見ゆ泣けとごとくに]

　この学習を進めていく時，どのようなことを大切にして指導しますか。

▼中学数学

【課題】

□中学校1年生の数学の授業で，方程式の解き方について学習します。

　　授業のねらい

　[$ax+b=cx+d$の形の一次方程式の解き方を理解できる。]

　教材となる問題は，次のとおりです。

　[$9x+2=4x+17$の解はいくつになるだろうか。]

　この学習を進めていく時，どのようなことを大切にして指導しますか。

□中学校3年生の数学の授業で，平方根の加減計算について学習します。

　　授業のねらい

　[$\sqrt{a}+\sqrt{b}$の計算方法が理解できる。]

　教材となる問題は，次のとおりです。

　[$\sqrt{2}+\sqrt{8}$はいくつになるだろうか。]

　この学習を進めていく時，どのようなことを大切にして指導しますか。

▼中学社会

【課題】

□中学校3年生の社会公民的分野の授業で，「市場における価格の決まり方」について学習します。

314

授業のねらい

[需要と供給と価格の関係について考え，市場経済のしくみを理解する。]

生徒の主体的な学習を進めていく時，どのようなことを大切にして指導しますか。

□中学校3年生の社会公民的分野の授業で，「政府の歳入と歳出」について学習します。

授業のねらい

[政府の歳入と歳出の額や内訳から，その特徴について理解する。]

生徒の主体的な学習を進めていく時，どのようなことを大切にして指導しますか。

▼中学理科

【課題】

□中学校3年生の理科の授業で，生物の成長の仕方について学習します。

授業のねらい

[体細胞分裂の観察を行い，その過程で核の様子が変化することを確かめる。]

そのために，次の観察を行います。

[タマネギの根の先端の細胞の様子を顕微鏡で観察する。]

この学習を進めていく時，どのようなことを大切にして指導しますか。

▼中学英語

【課題】

□中学校2年生の英語の授業で，未来形について学習します。

授業のねらい

[週末の予定についてのインタビュー活動の中で，自分の予定をbe

going toを正しく用いて，口頭で言えるようにする。]

　教材となる会話文は，下記のとおりです。

　この学習を進めていく時，どのようなことを大切にして指導します
か。

*Lesson 3 Part 2*

絵美とマイクが下校中に話しています。

覚えたい語句

Emi: Do you have any plans for this weekend?

Mike: I'm going to visit Kyoto with my family.

Emi: Great! I am going to practice volleyball.

Mike: Good luck! See you then.

plan(s)
weekend
visit
practice
Good luck.

【新しい文の形】

| I visit Kyoto. |
| I **am going to** visit Kyoto this weekend. |

□中学校2年生の英語の授業で，不定詞について学習します。

　授業のねらい

　[国内外の旅行についてのインタビュー活動の中で，自分や相手

の行きたいところやしたいことを尋ねたり伝えたりする際に，want toの形で正しく言えるようにする。]

　教材となる会話文は，下記のとおりです。

　この学習を進めていく時，どのようなことを大切にして指導しますか。

*Lesson 4 Part 1*

絵美がマイクに国内旅行について尋ねています。

New Words
temple(s)

Emi: 　Where in Japan
　　　　　do you want to visit?

Mike: 　I want to go to Kyoto.

Emi: 　What do you want to do there?

Mike: 　I want to see many temples.

【新しい文の形】

> I want a new bike.
> I want **to go** Okinawa.

▼中学技術
【課題】

□中学校1年生の技術の授業で，ものづくりをする時の工具の使い方について学習します。

　　授業のねらい

　[のこぎり引きの正しい姿勢，目の位置，工具などの持ち方，力配分などの作業動作に気付かせ，安全かつ適切にのこぎり引きができるようにする。]

　この学習を進めていく時，どのようなことを大切にして指導しますか。


▼中学家庭

【課題】

□中学校1年生の家庭の授業で，健康によい食習慣について学習をします。

　　授業のねらい

　[自分の食習慣を振り返り，健康によい食習慣づくりのポイントが分かり，自らの生活に生かそうとする。]

　そのために，次のような活動を行います。

　[ある中学生の食習慣の事例をもとに，よさや改善点について明らかにする。]

　この学習を進めていく時，どのようなことを大切にして指導しますか。


▼中学音楽

【課題】

□中学校の音楽の授業で「荒城の月」の歌唱表現について学習します。

　　授業のねらい

　[歌詞の内容を味わい，全体の構成を理解して表現する。]

　そのために，次のような活動を行います。

　[七五調の歌詞によるリズムやまとまりを理解して歌う。]

　この学習を進めていく時，どのようなことを大切にして指導しま

すか。

▼中学保体

【課題】

□中学校2年生の保健体育の授業で「健康と環境」について学習します。

　　授業のねらい

　[快適で能率の良い生活を送るための温熱条件(気温・湿度・気流)や明るさには至適範囲があることを理解できるようにする。]

　　そのために，次のような活動を行います。

　[暑さ・寒さの感じ方，能率や目の健康にも影響を及ぼす明るさについて資料で調べたり，自分たちの生活を振り返ったりする。]

　　この学習を進めていく時，どのようなことを大切にして指導しますか。

□中学校2年生の保健体育の授業で「健康と環境」について学習します。

　　授業のねらい

　[体には環境に対する適応能力(体温を一定に保つ)があること，環境の変化が適応能力の限界を超えると健康に影響が出ることを理解できるようにする。]

　　そのために，次のような活動を行います。

　[気温の変化が健康に与える影響について資料で調べたり，自分たちの生活を振り返ったりする。]

　　この学習を進めていく時，どのようなことを大切にして指導しますか。

▼養護教諭

【課題】

□中学校3年生の保健の授業で，感染症の予防について学習します。

　　授業のねらい

　[エイズの疾病概念や感染経路について理解するとともに，HIV感

染の予防方法を身に付ける必要性についても理解する。]

　そのために，次のような活動を行います。

　[エイズの疾病概念と感染経路について学習した後，それをもとにエイズの予防法について話し合う。]

　この学習を進めていく時，どのようなことを大切にして指導しますか。

▼特別支援学校

【課題】

□知的障がい特別支援学校の小学部5年生が取り組む生活単元学習で，単元名は「ハッピーバースデーパーティーをしよう」です。

　4月から継続的に取り組んできている毎月恒例の小単元で，その月生まれの友達の誕生日を，みんなで祝ってきました。今日は，7月のバースデーパーティーに向け，事前の準備や練習をする授業です。

　生活単元学習では，どの児童も見通しをもち，力を発揮して主体的に取り組むとともに，みんなで共同して取り組める活動にすることが大切です。

　では，あなたは，この学習を進めるとき，どんな活動を取り入れ，どのように展開したいと考えますか。

◆実技試験(1次試験)

▼中学英語

□英語によるオーラルプレゼンテーション

　※当日与えられた文章の音読，質疑応答などを行う。

▼中学技術

　※当日，課題を提示する。

　※携行品は，三角定規一組，コンパス，実技用実習着であった。

▼中学家庭

※当日，課題を提示する。

※携行品は，裁縫用具一式(裁ちばさみ，糸切りばさみ，指ぬき，チャコペンシル，へら，まち針，しつけ糸)であった。

▼中学音楽

【課題1】

□弾き歌い

平成26年度用文部科学省検定済教科書中学校音楽科用に掲載されている「赤とんぼ」「花の街」「夏の思い出」「浜辺の歌」「荒城の月」「花」「早春賦」の中から当日指定する1曲を，ピアノ伴奏をしながら歌唱する。

※楽譜は当日指定したものを使用する。

【課題2】

□アルトリコーダーによる視奏

※曲は当日指定する。

※携行品は，アルトリコーダーであった。

▼中学保体

【必修課題】

□マット運動

□ハードル走

□ダンス(創作ダンス)

【選択課題1】

□バスケットボール

□バレーボール

※2種目から1種目を選択する。

【選択課題2】

□柔道

□剣道

　　※2種目から1種目を選択する。

　　※携行品は，運動着上下，運動靴(屋内用，屋外用)，柔道を選択する者は柔道着，剣道を選択する者は竹刀及び防具であった。


◆個人面接A(2次試験)　面接官2人　受験生1人　5分

〈場面指導〉

※場面指導が個人面接Aの中に含まれている。

※自席に座ったままで行う。

※最初に3〜4つの質問をされた後に，場面指導が始まる。

▼小学校教諭

【課題】

□あなたは，小学校3年生の担任です。

　　年度初めの始業式が終わり，下校した後，あなたのクラスのA子の保護者が来校し，「A子が，一番仲のよかったB子さんと別のクラスになってしまい，新しいクラスにはA子と仲のよい友だちがいない。もう学校には行きたくないと言っている。」と相談がありました。

　　あなたは，A子の保護者の相談に対してどのように対応しますか。私をA子の保護者だと考えて，話してください。

□あなたは，小学校6年生の担任です。

　　あなたのクラスのA男は，下校時に玄関の方へ歩いていた同じクラスのB男を突き飛ばし，転ばせて足首を捻挫させました。A男に理由を聞いたところ「むしゃくしゃしたから」とだけしか言いません。B男や周りの児童から話を聞いたところ，A男には何も言っていないということが確認されました。

　　そこで，この事実について説明するために，加害者のA男の保護者に学校に来てもらいました。私をA男の保護者だと考えて，話してください。

▼中学校教諭

【課題】

□あなたは，中学校3年生の担任です。

　　あなたのクラスのA子が，クラスの一部の生徒から無視されていることが，A子が書いたアンケートからわかりました。このことについて，学級委員のB子に事情を聴いたところ，「A子さんは，いろんな人の悪口を言っています。だから，周りの人たちから無視されても仕方がないと思います。」と，いじめの原因がA子にあるとの発言をしました。

　　あなたは，担任としてB子に対して，どのように対応しますか。私をB子だと考えて，話してください。

□あなたは，中学校3年生の担任です。

　　あなたのクラスのA男が，インターネットのツイッターに，同じクラスのB子を中傷する内容を書き込み，そのことでB子が悩んでいることがわかりました。

　　A男に確認したところ，「僕が書きました。でも，いろんな人の悪口を言っているB子に問題があると思います。」と，書き込んだ原因がB子にあるとの発言をしました。

　　あなたは，担任としてA男に対して，どのように対応しますか。私をA男だと考えて，話してください。

▼養護教諭

【課題】

□あなたは，中学校の養護教諭です。

　　2年生の終わり頃から，A子は自分の容姿が周りからどのように見られているか気になるようになりました。3年生になり，腹痛を訴えて給食を食べない時があり，学級担任が保護者に確認したところ，家庭でもほとんど食事に手をつけていないことが分かりました。

　　そこで，A子を保健室に呼んで話を聞こうとしましたが，A子は，食事をとらない理由について話をしたくない様子です。

　　あなたは，養護教諭としてどのように対応しますか。私をA子だと考えて，話してください。

▼特別支援学校
【課題】
□あなたは，特別支援学校小学部2年生の担任です。

　　あなたの学級のA子は，午前中，あまり元気がなく，情緒的にも不安定な様子が見られます。連絡帳や電話を通じて保護者から聞いた話から，睡眠不足，朝食抜きなどの生活が関係していることが分かり，このことについて保護者と懇談するために，学校に来てもらいました。

　　あなたは，担任として，どのように対応しますか。私をA子の保護者だと考えて話してください。

◆個人面接B(2次試験)　面接官2人　受験生1人　15分
　▼小学校教諭
□あなたが新潟市の教員としてふさわしいと考える長所は何か。
□いじめの根本の原因は何か。
□やる気が一番出る時はいつか。
□保護者との信頼関係を作るためにどうするか。
□モンスターペアレントについてどう考え，どう対応するか。
□一番得意な教科と苦手な教科は何か。
□得意な教科の授業で大切にしたいことは何か。
□教員は様々な仕事があるが，中でも一番大切な仕事は何か。

◆実技試験(2次試験)
　▼小学校教諭
【体育課題】

□鉄棒運動

　　逆上がり→前回り下り

　　※練習は2回。

□表現運動

　　その場でテーマが提示され，テーマに基づいて自分で構想し，発表する。

〈テーマ〉

「冬の日本海(怒濤)」

「冬の新潟(吹雪)」

　　※4名が区画されたエリアで一斉に踊る。試験官は受験者に1名ずつ付く。

　　※時間は2分。本番は20〜30秒。

□水泳

　　クロール・平泳ぎ各25m。

　　※練習は1回。

【音楽課題】

□ピアノ演奏

　　小学校学習指導要領に示された第4・5・6学年の歌唱の共通教材の中から1曲を選び，ピアノ伴奏をしながら歌唱する。

　　※試験官は2名，受験者は1名。

　　※伴奏譜を2部用意し，当日1部を検査員に提出する。

　　※練習はなしで，約2分間演奏する。


▼養護教諭

【課題】

□応急処置に関する実技検査

　　※運動着に着替える必要はない。

▼特別支援学校

【課題】

□鉄棒運動

□表現運動
□水泳
　クロールまたは平泳ぎで25m。


◆集団面接(2次試験)　面接官2人　受験生5人　40〜45分
　※机上には，鉛筆1本，マジック1本，メモ用紙，黄色と青色の画用紙
　　が用意されている。
　※試験官1人が学年主任の役となり，学年会の形式で行う。
　※流れとしては，まず問題が読まれ，それについて考えたことを1つ
　　青色の紙に書く。その後考えたことについて1人ずつ発表し(挙手制，
　　1人1分)，出た意見について話し合う。最後に決まったことを学級
　　の子どもに話す(1人ずつ発表，1人1分)。
　▼小学校教諭
　【質問内容】
□今年の6年生は何事に対しても無気力で責任感がない。そのような
　　中で運動会の日が迫っており，6年生は下級生を引っ張っていかな
　　ければならない。そこで6年生全体に自信をつけさせ，リーダーシ
　　ップを発揮できるようにするため，学年全体でどのように取り組む
　　か。

## ●書籍内容の訂正等について

　弊社では教員採用試験対策シリーズ（参考書，過去問，全国まるごと過去問題集），公務員試験対策シリーズ，公立幼稚園・保育士試験対策シリーズ，会社別就職試験対策シリーズについて，正誤表をホームページ（https://www.kyodo-s.jp）に掲載いたします。内容に訂正等，疑問点がございましたら，まずホームページをご確認ください。もし，正誤表に掲載されていない訂正等，疑問点がございましたら，下記項目をご記入の上，以下の送付先までお送りいただくようお願いいたします。

---

① **書籍名，都道府県（学校）名，年度**
　（例：教員採用試験過去問シリーズ　小学校教諭 過去問　2025 年度版）
② **ページ数**（書籍に記載されているページ数をご記入ください。）
③ **訂正等，疑問点**（内容は具体的にご記入ください。）
　（例：問題文では"ア～オの中から選べ"とあるが，選択肢はエまでしかない）

---

〔ご注意〕
○ 電話での質問や相談等につきましては，受付けておりません。ご注意ください。
○ 正誤表の更新は適宜行います。
○ いただいた疑問点につきましては，当社編集制作部で検討の上，正誤表への反映を決定させていただきます（個別回答は，原則行いませんのであしからずご了承ください）。

## ●情報提供のお願い

　協同教育研究会では，これから教員採用試験を受験される方々に，より正確な問題を，より多くご提供できるよう情報の収集を行っております。つきましては，教員採用試験に関する次の項目の情報を，以下の送付先までお送りいただけますと幸いでございます。お送りいただきました方には謝礼を差し上げます。
（情報量があまりに少ない場合は，謝礼をご用意できかねる場合があります）。
◆あなたの受験された面接試験，論作文試験の実施方法や質問内容
◆教員採用試験の受験体験記

---

**送付先**
○電子メール：edit@kyodo-s.jp
○FAX：03-3233-1233（協同出版株式会社　編集制作部 行）
○郵送：〒101-0054　東京都千代田区神田錦町2-5
　　　　　　　協同出版株式会社　編集制作部 行
○HP：https://kyodo-s.jp/provision（右記のQRコードからもアクセスできます）

※謝礼をお送りする関係から，いずれの方法でお送りいただく際にも，「お名前」「ご住所」は，必ず明記いただきますよう，よろしくお願い申し上げます。

教員採用試験「過去問」シリーズ

# 新潟県・新潟市の
# 面接 過去問

| 編　集 | Ⓒ 協同教育研究会 |
|---|---|
| 発　行 | 令和5年12月25日 |
| 発行者 | 小貫　輝雄 |
| 発行所 | 協同出版株式会社 |
| | 〒101-0054　東京都千代田区神田錦町2‐5 |
| | 電話　03－3295－1341 |
| | 振替　東京00190－4－94061 |
| 印刷所 | 協同出版・POD工場 |

落丁・乱丁はお取り替えいたします。

# 2024年夏に向けて
## ―教員を目指すあなたを全力サポート！―

## ●通信講座

志望自治体別の教材とプロによる
丁寧な添削指導で合格をサポート

詳細はこちら

## ●公開講座 (＊1)

48のオンデマンド講座のなかから、
不得意分野のみピンポイントで学習できる！
受講料は6000円～　＊一部対面講義もあり

詳細はこちら

## ●全国模試 (＊1)

業界最多の **年5回** 実施！
定期的に学習到達度を測って
レベルアップを目指そう！

詳細はこちら

## ●自治体別対策模試 (＊1)

的中問題がよく出る！
本試験の出題傾向・形式に合わせた
試験で実力を試そう！

詳細はこちら

　上記の講座及び試験は，すべて右記のQRコードか
らお申し込みできます。また，講座及び試験の情報は，
随時，更新していきます。

＊1・・・ 2024年対策の公開講座、全国模試、自治体別対策模試の
　　　　 情報は、2023年9月頃に公開予定です。

協同出版・協同教育研究会
https://kyodo-s.jp

お問い合わせは
通話料無料の
フリーダイヤル

いい み　なさんおうえん
0120 (13) 7300
受付時間：平日（月～金）9時～18時　まで